「アメリカ覇権」という信仰

ドル暴落と日本の選択

トッド　加藤出　倉都康行　佐伯啓思
榊原英資　須藤功　辻井喬　バディウ
浜矩子　ボワイエ＋井上泰夫
松原隆一郎　的場昭弘　水野和夫

藤原書店編集部編

藤原書店

はじめに

世界的な大ベストセラー『帝国以後』の著者、エマニュエル・トッドは、二〇〇二年の時点で、すでに次のように述べ、アメリカ経済の過剰な金融肥大化とその崩壊に警鐘を鳴らしていた。

「今後数年ないし数ヶ月間に、アメリカ合衆国に投資したヨーロッパとアジアの金融機関は大金を失うことになるだろうと予言できる。」

「どのようにして、どの程度の速さで、ヨーロッパ、日本、その他の国の投資家たちが身ぐるみ剥がれるかは、まだ分からないが、早晩身ぐるみ剥がれることは間違いない。最も考えられるのは、前代未聞の規模の証券パニックに続いてドルの崩壊が起るという連鎖反応で、その結果はアメリカ合衆国の『帝国』としての経済的地位に終止符を打つことになろう。」

（いずれも『帝国以後』石崎晴己訳、藤原書店、二〇〇三年）

トッドは、一九七六年、弱冠二五歳にして、乳児死亡率の上昇を論拠に、当時、誰も想像すらできなかったソ連邦の「一〇年、二〇年、ないし三〇年以内の崩壊」を断言した。そして、その予言は、一五年後の一九九一年に現実のものとなった。そして今度は、ソ連崩壊後の「唯一の超大国」と広く認識されていたアメリカについて、「アメリカの問題は、その強さにではなく、むしろその弱さにある」と、アメリカの衰退、とりわけその経済力の衰退を断言していたわけである。

遂にこの予言も現実のものとなる。サブプライム問題、とりわけ二〇〇八年九月のリーマン・ブラザーズ破綻以降、事態は、まさにトッドの予言通りに推移している。

だが、どこまで進めば、この危機は「底」を打つのか？

トッドは、自身の「予言」に関して、「証券パニックは起きたが、ドルの崩壊はまだだ」（本書第1章「『アメリカ覇権』という信仰」）と述べている。つまり、この先、「ドル暴落」という、現状よりさらに深刻な事態が待っているが、さしあたり、そのドルの崩壊を何とか食い止めているのは、アメリカという「世界の中心」を求める我々自身の信仰なのだ、というのである。

「いまやアメリカ合衆国の国力で残っているものと言ったら、〔アメリカが中心だと信じる〕周りの諸国の信じたいという欲求だけです。アメリカが中心的であり、良きことを産み出すことができると信じ続けられるのなら、藁をも掴む、というわけです。（中略）アメリカは無能だ、耐え難い、しかしそこにある。それがなかったら、代わりに何があるというのか。分からない。（中略）これでもし世界に経済と金融の中心がなくなったとしたら……。人々が不安になるのももっともだと思いますよ。（中略）ソ連システムの崩壊についての私の予言は、ほぼ的中しました。

しかしいざシステムが崩壊してみると、ロシアの苦しみの規模の大きさは、私の予想を完全に超えていました。ソ連邦の崩壊はまさに経済の崩壊だけではない。ほとんど宗教的とも言えるような集団的信仰の崩壊でもある、そしてそれは一五年から二〇年に及ぶ過渡期の苦しみ、生活水準の低下、混乱を産み出すのだ、こういったことを私は理解していませんでした。いまでは私は、アメリカについて『帝国以後』は楽観的に過ぎる、私はいささか〔ソ連の時と〕同じ間違いをしでかしてしまったのだと、考えるようになっています。（中略）耐用年数の尽きたシステムの崩壊を予言するのは、ほぼ為しうることです。しかし良いタイミングで行なうというのは、そう簡単な話ではありません。ロシアについては、私はほぼ良いタイミングで行なうことができました。アメリカに関しては、事は私が予想したよりはるかに急速に進んでいます。私は定年に近付いた頃に、アメリカ・システムの崩壊を研究するつもりでいましたから、あまりにも速すぎるわけです。」（本書第1章「『アメリカ覇権』という信仰」）

「その過去の産業の繁栄の名残にほかならない軍隊、その今なお余韻として残るイデオロギー的威信、こうしたもののお蔭でアメリカ合衆国は、財よりは、むしろドルという世界通貨を『生産する』ことができるのである。しかしそれもあと何年続くやら。しかし一九九九年から二〇〇八年までの間に、ユーロに対して四分の一も安値になるというドルの凄まじい下落は、終わりが近いことを告げている。それでも真面目な人々は迫りくる破局から目をそむけ、現在の生活を、不平等をせいぜい利用しようとしている。何ごとも短期という強迫観念は、金融市場を侵しているだけではない。もはや形而上学的展望を持たぬ世界の法則そのものとなっているのだ。」（『デモクラシー以後』石崎晴己訳、藤原書店、二〇〇九年六月）

今回の経済危機の「底」とは、まさにこのような「破局」を意味しているのではないか。これに対して、われわれに十分な心構えはできているだろうか。日本を始め周辺諸国から寄せられるオバマ大統領に対する過剰な期待は、「アメリカ覇権」という信仰をわれわれがいまだ捨てきれないでいることを示している、とトッドは言う。今回の危機において究極的に問われているものとは、この「アメリカ覇権」というわれわれの信仰なのである。だとすれば、この危機に対するには、何よりも、そしてとりわけ日本の人々は、アメリカを中心とする従来の世界観を根底から転換しなくてはならない。そうでなければ、危機からの軟着陸は不可能となり、事態はより深刻になるからだ。

もはや一時的な景気動向や株価に一喜一憂している場合ではない。一時的な景気や株価の動向が、われわれの将来を照らし出してくれるわけではないからだ。時代の危機、今後生じる得る破局からも目を背けず、トッドの言う「何ごとも短期という強迫観念」を脱して、長期的な視点から、日本の経済と社会のあるべき将来を、そしてアジアと世界の未来を、主体的に描くべきではないか。

そのような試みとして本書を企画した。

二〇〇九年七月

藤原書店編集部

「アメリカ覇権」という信仰／目　次

III　将来を築くための価値観の転換——閉塞状況を打開する長期的ヴィジョン

「アメリカ覇権」という信仰

――ドル暴落と日本の選択

I

アメリカ覇権の崩壊

――忍び寄るドル暴落という破局

1 「アメリカ覇権」という信仰
——自由貿易主義からの脱却——

エマニュエル・トッド

聞き手＝イザベル・フランドロワ／石崎晴己訳
（二〇〇八年一〇月二九日収録）

世界規模での生産過剰という危機

——今回の金融危機の突発は、あなたにとっては、全く予想外のことというわけではなかったと、推察します。あなたは『帝国以後——アメリカ・システムの崩壊』（石崎晴己訳、藤原書店、二〇〇三年）の中で、次のように書いておられるのですから。すなわち「どのようにして、どの程度の速さで、ヨーロッパ、日本、その他の国の投資家たちが身ぐるみ剥がれるかは、まだ分からないが、早晩身ぐるみ剥がれることは間違いない。最も考えられるのは、前代未聞の規模の証券パニックに続いてドルの崩壊が起こるという連鎖反応で、その結果はアメリカ合衆国の『帝国』としての経済的地位に終止符を打つことになろう」（一四三頁）と。

私の現在の職業は何だと思いますか。公認資格保有の予言者ですよ！（笑）ですから、全く予想外のことだったと言うわけにはいきません。一方、この引用は二つの段階にわたっています。証券パニックは起こりました。ドルの崩壊はまだです。つまり、アメリカ合衆国の帝国としてのステータスは、まだ終っていません。

——この危機の特殊性とは、いかなるものですか。

こうした経済危機は、どれも金融・証券的上部構造の中で始まりますが、それから現実の交易、生産に波及することもあり、波及しないこともあります。ですから、いま迫っている脅威について、私にとって問題なのは、この危機、この数波にわたって押し寄せるパニックの下から、グローバル化されたシステムの構造的不均衡の現実性が姿を現すかどうか、つまり自由貿易によって誘発された世界規模での総需要の傾向的不足が姿を現すかどうかなのです。

保護主義の繭の中では生産性の上昇は賃金の上昇によって吸収されていたわけですが、自由貿易は、戦後の各国経済をこうした保護主義の繭の外に連れ出しました。保護主義の下では、いわば需要は生産性の向上の後について行くということが可能だったのです。ところが自由貿易においては、企業は世界市場に向けて生産することになり、企業は賃金を純然たるコストと考えるようになり、それゆえ合理的に賃金を削減するようになったのです。そのうえ、情報産業部門に中国、インドという安価な労働力の大量の供給が突然、闖入して来たことで、その効果はさらに増幅しました。ですから、この金融危機の下で迫り来る脅威とは、単に世界規模での生産過剰の危機なのです。

アメリカの過剰消費と不平等の拡大

一九二九年の危機と違うのは、二九年の恐慌の時点では、工業国の数は現在より少なく、それにとりわけそれら諸国は対外貿易の面では、相対的に均衡のとれた状況にあったという点です。アメリカは、きわめて強力な産業経済であり、ドイツもそうでした。この両国は、西洋諸国の中で最も打撃を受けましたが、それはこの両国が最も進んでいたからです。イギリスもまだ堅調な産業基盤を持っており、フランスは喘ぎながらも後についていました。日本はまだテイクオフの局面にありました。しかし全体として諸国の状況は相対的に釣り合っていました。

現在の状況は、これとは異なります。ヨーロッパは現在でもこのような状況にありますが、日本は対外貿易の面では黒字で、それゆえ、日本それ自体が世界総需要への軽微なマイナスの圧力になっています。輸入する以上に生産し輸出するわけですから。一方、アメリカ合衆国は、消費過剰です。世界システムが順調であったかぎりで、戦後における日本の、そして近年の中国のテイクオフを可能にした要因は、アメリカ合衆国の体勢が、非生産者的最終消費者の立場に変わったことでした。つまりアメリカ合衆国は、ケインズ的な意味で地球全体の調節機関（レギュレーター）となったのです。つまりアメリカの貿易赤字は、かつて一国の経済の中で国の赤字が需要を刺激していたのと同じ機能を果たしていたわけです〔『帝国以後』一〇五～一〇九頁「不況下の世界経済にとってのケインズ的国家」参照〕。

サブプライムは、アメリカの世帯に、最終的に地球規模で消費する手段の分配を可能にする方策でした。当面において、問題は、単に金融システムを元の水準に戻すということではありません。何しろアメリカ合衆国が人類史上最大の金融詐欺を現実のものにしてしまった後なのですから。彼らは腐った証券を全地球に売りさばいたのですよ！　全くとんでもない話です。ＳＦ顔負けです。火星人の来襲より前に、これほど異常な事態はあり得ないのです！　ですから問題は、もし世界が恐慌以前の巡航速度に戻る――これ自体は、別に素晴らしいと言えるほどのことではありません。何しろそれは、ヨーロッパから見れば、不平等の拡大、所得の減少、産業拠点の国外移転といったものの原因に他ならないメカニズムを再び稼働させることであり、単にそれだけのために、アメリカ合衆国が過剰消費を続けられるような手段を見つけなければならない、というわけなのですから。

自由貿易による不平等の拡大とバブル崩壊

私は、解決すべき構造的な問題があると思います。そしてこのシステムの中における日本の立場というものも、完全に白というわけではありません。日本は完全に無罪なのではありません。このような不均衡な対外貿易を行なっており、輸出するのと同じくらい輸入できないのですから。しかし日本の場合だけがそうなのではありません。ドイツもこんな具合です。しかしドイツの場合は、ヨーロッパ規模で管理されています。ヨーロッパ諸国の赤字で埋め合わせが付くのです。

私に言わせれば、これこそが危機の本質なのです。証券資産の蒸発というのは、自由貿易主義のグローバル化されたシステムの宿命です。これは必ず不平等の拡大につながります。したがってヨーロッパのような国々では、賃金の減少と同時に最も高い所得のさらなる上昇も引き起こします。そこで問題は、金持ちがその増大した所得をどうするかということですが、彼らはどうしたら良いか分からず、株を買うことになります。そこでますます多くの金が株式市場に流れることになり、株価は上がる。一種、金持ちたちのインフレーションのごときものが起こり、そしてある日突然、それが灰燼に帰す、蒸発してしまうのです。

かつてのソ連と同程度におかしなシステム

――そのサブプライムの一件は、最初はアメリカ国内だけの問題でしたが、アメリカ合衆国にとって、経済面での覇権に対する最後に残った正統性の喪失を引き起こすのではありませんか。

ええ、ご覧の通りです。アメリカ合衆国に関する真相が浮上し始めました。真相に近付きつつあります。しかしドルが沈没しないうちは、それに至ってはいないのです。

アメリカ合衆国のケースで興味深いのは、金融、通貨、軍事の各部門間の相互作用です。アメリカ合衆国でクレジットの分野で現にいま起こっていることは、文字通り幻覚の類いだということなのです。こんな具合に投機をして金が稼げると人々が信じたということ自体がまさに幻覚的で、ほんの数分考えただけでも、アメリカ合衆国で起こったこと、現に起こっていることは、ソ連のシステムと同じくらい気違いじみた話だということが分かります。ソ連のシステム、つまり単一の中央集権化された組織があらゆる消費行動と生産行動を管理することができるという考えは、実は気違いじみた考えだったのです。しかし、抵当付きクレジットの仕組み、つまり不動産市場にはインフレがあるのだから、借り換えができる、家はより高い価値を持っているとみなされるのだから……という考え、このようなシステムがどこまでも無限に続くことはあり得ないということに人々が気付かなかったということは、心性の問題があることを意味します。

自身に対する幻想としてのアメリカ

現在起こっている事態には、まるまる一世代にわたる研究プログラムが注ぎ込まれているのです！　アメリカ合衆国において、生産的なもの、つまり実入りをもたらす金を投資したと思い込んでいる人々が、身ぐるみ剥がれてしまうような計量経済学モデルを大勢の経済学者が研究したのです。抵当付きクレジットの仕組みを通して、こうして投下した金がどのようにしてアメリカの世帯の手に最終的に渡るのか、その仕組みこそ、まさにファンタスティックな計量経済学の労作です。それはまた精神科医にとっての問題でもあります。アメリカの幻想を内面から研究するとなったら、まるまる一世代分の精神科医が必要になるでしょう。自分自身に対する幻想としてのアメリカ合衆国、というわけです！　多分すべては黒人大統領の選出に帰着するのでしょう。アメリカ合衆国の歴史の中で人種主義がどんなに根強いものであったかを知っている者なら、いきなり無重力状態に突入したような気がします。歴史の無重力現象ともいうべきものがあるのです。

中心を求める信仰の必然性と虚構性

――外の世界にとっても、幻想としてのアメリカ合衆国というのはやはり興味深いものですが、アメリカ合衆国が言わば「父親」のようでしたので、そうなると世界は孤児になってしまいますね。

そうです。ですから世界はそれを受け入れないのです。しかし極端に走ってはいけません。軍事的覇権というのは、決して良いことはありません。それは戦争につながり、武力の濫用につながります。軍事的覇権に関しては、権力は腐敗する、絶対的権力は絶対的に腐敗する、というコンセプトに落ち着かざるを得ません。イラク戦争はおぞましい事態です。アメリカ軍がイラクでやったことは、人類史上最も忌まわしいことの一つです。最大の忌まわしさではないまでも、かなりのレベルの忌まわしさです。

それに対して経済的覇権の方は、必ずしも悪いばかりではありません。ヨーロッパは、事実上、軍事力の均衡があった第一次世界大戦以前は、ほぼ順調に作動していました。それに第一次世界大戦は、当時のヨーロッパがどれほど均衡点に近かったかを示しています。均衡を破るのに四年もかかったのですから。大戦前に交易の調節をしていたのはポンドで、イギリスの覇権は良き調節機関であったわけです。そのイギリスの覇権は大戦後に崩壊しましたが、それは筆舌に尽くし難い混乱を引き起こしました。第二次世界大戦後はアメリカの経済的覇権が支配しましたが、それは軍事面ではソ連邦の存在によって行く手を阻まれており、全体として良いシステムでした。それは前代未聞の繁栄の時代を現出しました。

ですから私は、経済的な面では人々がアメリカの覇権の消滅を恐れていることは全く理解できます。ここに来てまたしてもヨーロッパが何の手も打てないのは、そのためなのです。何しろ産業・技術・科学の重心はいまやヨーロッパに戻って来たのですから、もし地球の中心的知性というものがあったなら、それは向こう二〇年間、ヨーロッパに中心的調節機関の役割を保証したはずなのです。その後、中央調節機能は東アジアに移り、中国のテイクオフは完全に完了することになるでしょう。

それは信仰の問題なのです。宗教的信仰が崩壊する時に見られるような。いまやアメリカ合衆国の国力で残っているものと言ったら、〔アメリカが中心だと信じる〕周りの諸国の信じたいという欲求だけです。アメリカが中心的であり、良きことを産み出すことができると信じ続けられるのなら、藁をも掴む、というわけです。

その意味では、このような文脈の中でオバマの大統領立候補は、物事の進行を遅らせる役割を果たすかも知れません。オバマが当選したとしたら、それはアメリカが他のことで再び活気を取り戻すことに他ならないのだ、という物語が語られることになるでしょう。しかしアジアではそこまで熱狂していないことを、私は知っています。

金融調節（レギュラシオン）は、良好なものではありませんが、存在してはいます。アメリカの貿易赤字は、道徳面では良いことではありませんが、何かの役には立っているわけです。

私の思うに、世界は問題なく軍事的均衡を見出すことができるでしょう。カフカスへのロシア軍の介入は、軍事的均衡が回復されていたことを示しました。一年前からあの一帯に潜在していた金融危機が開始し加速化したのは、この軍事的均衡の回復に影響されたからに違いありません。人々はアメリカが何もすることができなかったのを目の当たりにしたわけです。このことが〔アメリカ覇権に対する〕疑いを生じさせ、その潜在的な効果によって、金融危機を加速化させることになったのです。ですから軍事面では、もう決着はついたのです。マケインが当選するにせよ、オバマが当選するにせよ、アメリカ軍はイラクから撤退せざるを得なくなるでしょう。

確かにヨーロッパ人の態度には、何やら子供のようなところがあると言えます。しかし何らかの単一の指導的決定機関がどこかにあって欲しいと願うのは、時として妥当な態度でもあるのです。パスカルの『パンセ』の中に、長子相続の利点について述べているところがあります。そこでパスカルは、頭が良かろうが悪かろうが、長男を跡取りに指名するというのは、知的・道徳的な意味では馬鹿げているが、それは単一の後継者がいるというようにさせる規則であって、それで物事が順調に運ぶのだ、と説明しています。

アメリカ合衆国の没落は、いささか長子相続原則の没落なのです。同じようなことなのです。アメリカは無能だ、耐え難い、しかしそこにある。それがなかったら、代わりに何があるというのか。

分からない。いまの世界は完全に流動的な世界です。すでにあまり安定しておらず、すでに通貨の変動は甚大な規模に達している。これでもし世界に経済と金融の中心がなくなったとしたら……。人々が不安になるのももっともだと思いますよ。単に子供っぽいというだけではないのです。こう言ったからといって、私のことを、根っからの親米主義者だなどと考える人はいないと思いますがね。

――つまり、いずれにせよ何らかの中心が必要だ、ということですね。

地域レベルの協同的保護貿易主義

経済面での不具合を解決するには、中央調節機関を考える能力がなければなりません。軍事的均衡を確定することは、それほど複雑な話ではないと思います。それはおのずと確立します。要するに、二つの武力と同盟のシステムが互いに拮抗していればいいわけです。戦争にならないためには、人々が何もしないというだけで十分なのです。人間という種がどんなものであるかを考えると、本当にそれで大丈夫とは言い切れませんが、論理の上では、そのように考えるのは相対的に容易です。しかし経済は、そうはいきません。

それにこれからの世界は、同質的ではない世界なのです。もはや金融システムは存在せず、ドルが独自の役割を果たさなくなったと想像してみましょう。最終的には不均衡な貿易システムはすべて崩壊してしまい、各地域は、それぞれ己自身の力だけに限定されてしまいます。

グローバリゼーションの中には世界的な現象がいくつも含まれます。一日中インターネットと睨めっこする者は、朝暗いうちに起きてインターネットを検索すれば、アジアの金融市場の崩壊を目にします。それから日が昇って、ヨーロッパでは日中にヨーロッパ市場の崩壊を目にし、それから宵っ張りの者なら、ウォール・ストリートの崩壊を目にし、時には小幅な再上昇を目にすることもあります。

中国やインドの賃金が先進国の賃金に及ぼす圧力も、やはりきわめて現実的なものです。しかしグローバリゼーションの最も主要な出来事というのは、何と言っても複数の大陸規模の地域経済の浮上です。ヨーロッパは、交易の面ではきわめて統合されています。フランスはもはや単独で行動することはできません。フランス経済、イタリア経済、ドイツ経済は相互浸透しており、単一の経済となっています。北アメリカは、カナダとメキシコ抜きではもはや考えられません。それから、私はパリに立ち寄った日本の高官と話をしたことがありますが、彼が、日本人にとって地平線とは、中国が最重要のパートナーとなり、アメリカ合衆国が二番手に退く時であると言うのを聞いて、大変興味深く思いました。もっとも私の意見ではその地平線はすでに越えられています。日本と中国はもうそこまで来ていると、私は思います。ですからいま姿を現しつつあるのは、間違いなく極東の経済であり、これまでとは別の地域なのです。

問題は、金融交易の面で、もしすべてが崩壊したなら、各人は実体経済の中に再び着陸するということです。つまり工場、物を作るすべを知っている者、技師、技術者といった人々のことです。ヨーロッパは大丈夫です。もちろん実体経済の中に転落するなら、ヨーロッパとロシアは融合するでしょう。ロシアのエネルギー資源とヨーロッパの技術的可能性には大変な相互補完性があります。それにロシア人というのは、ヨーロッパ人です。ですから、それが一つの安定性の極となることは容易に想像できます。私はこの地域には、協同的保護貿易主義を勧めます。基本的に他地域への対抗を目指すのではないような保護貿易主義です。それによって域内の賃金を立て直し、需要の停滞を抜け出し、それから他の輸入を立て直すことが可能になるでしょう。

しかしアメリカ合衆国は、手の施しようがありません。輸出で埋め合わせることのできない輸入に依存しているからです。また実質国内総生産としては、監獄の看守の給与や弁護士や金融業者の所得より、輸入された財（機械、製品等々）の方がはるかに莫大であることを考えるなら、アメリカ合衆国にとっては（実体経済への転落によって、輸入額が輸出に見合ったものに引き下げられたとすると）国民一人当たり総生産の二〇％の下落となります。つまり即時的貧困化であり、事実上かつてのロシア型の危機になるわけです。

東アジアは、過剰生産です。日本一つとっても、輸出と同じだけ輸入することはできません。中国もそうなっています。中国の本性に反して、と私は思いますが。転換が問題です。生産力は発展の一途をたどっているのですから、苦痛は少ないでしょう。しかし中国の国内市場への方向転換は大きな問題です。簡単にはいきません。

『帝国以後』は楽観的に過ぎた

——予言をするまでもなく、何かが起こるはずだということは分かりますね。

正直に言いますと、私は自分を警戒しているのです。ソ連システムの崩壊についての私の予言は、ほぼ的中しました。しかしいざシステムが崩壊してみると、ロシアの苦しみの規模の大きさは、私の予想を完全に超えていました。ソ連邦の崩壊はまさに経済の崩壊だけではない。ほとんど宗教的とも言えるような集団的信仰の崩壊でもある、そしてそれは一五年から二〇年に及ぶ過渡期の苦しみ、生活水準の低下、混乱を産み出すのだ、こういったことを私は理解していませんでした。いまでは私は、アメリカについて『帝国以後』は楽観的に過ぎる、私はいささか〔ソ連の時と〕同じ間違いをしでかしてしまったのだ、と考えるようになっています。アメリカ経済の「集団的狂気」の側面を話題にしたのはそのためです。市場、金融、こうしたものもアメリカにとっては一つの宗教なのです。彼らの宗教がいままさに崩壊しつつあるわけです。宗教的な面では、彼らはすでにいささか憂慮すべき状態になっています。他の面では、たしかにもっと柔軟性があるにしても。

耐用年数の尽きたシステムの崩壊を予言するのは、ほぼ為しうることです。しかし良いタイミングで行なうというのは、そう簡単な話ではありません。ロシアについては、私はほぼ良いタイミングで行なうことができました。アメリカに関しては、事は私が予想したよりはるかに急速に進んでいます。私は定年に近付いた頃に、アメリカ・システムの崩壊を研究するつもりでいましたから、あまりにも速すぎるわけです。

それから再建について、崩壊の後に何が打ち立てられるのかを予想するのは、はるかに難しいことです。それには多数のパラメーターが絡んで来ます。例えば私がこの本(1)の中で説明していること、つまりヨーロッパ保護貿易主義的な計画は、知的なレベルではまことに容易に考えることができます。もちろんヨーロッパはそれを実現する力を十分に持っています。しかし高度な教育を施されたヨーロッパの住民は、集団的に物を考えることができません。単に自分は調節できるのだ、何かを作り出すことができるのだ、と思い込むことさえできないのです。これはアメリカの妄想とは違う別のものですが、そこでは心性に関わる宗教的な測り知れない空虚という問題に直面するのです。私はこの本の最終章たる「結論」で、自分の義務を果たして、それから抜け出す方法はあると述べています。しかし、それが現実となる確率が高いと断言する勇気はありません。

何かが起こる必要があります。しかし混沌が存在しています。それに行為者たちの発展水準も異なります。ヨーロッパの問題は、教育の停滞、社会的アトム化、そして多数の国に細分化され、それら諸国同士がある程度は依然として競争関係にあるという点です。アメリカは一つの塊(マス)であり、一塊として行動することもできますが、全く異様な幻想と産業の自己破壊との過程に踏み込んでいます。アジア経済の再編成についても、中国と日本の関係の現状を考えると、単純に想像することはできません。住民大衆の違いもあります。さらにアジアにおける核の均衡の不在（「イスラーム恐怖症の虚構」『環』三二号、二〇〇八年冬、八四頁参照）。緊張下にある中国が先進国並みに発展した国ではないという事実。それにまた中国は実はかなり平等主義的な文化を持っていますが、それは日本の階層序列制モデルとは異なります。

先日、私にこんなことを言った人がいます。「あなたは歴史を考えようとしておられます。単に歴史の流れに身を委ねることを受け入れません。しかしあなたが歴史を考えるに至らなくとも、歴史は生起するのです」と。そこで私としてはこう自分に言い聞かせるのです。もしそれが混沌だとしても、それは興味深いであろうし、歴史家としては、混沌からでも何かを作ることはできるだろう！と。

注

（1）エマニュエル・トッド、石崎晴己訳『デモクラシー以後――協調的「保護主義」の提唱』藤原書店、二〇〇九年。

2　ドル暴落は起こるのか？

——金融危機と急速に膨張したＦＲＢの資産——

加藤　出

トッドの「予言」のタイムラグ

エマニュエル・トッドの言葉は、金融市場の参加者にとっても非常に刺激的である。彼は、『帝国以後』（原書は二〇〇二年九月刊）の中で、アメリカ合衆国に投資してきたヨーロッパ、日本、その他の国の投資家たちは「早晩身ぐるみ剥がれることは間違いない」と指摘していた。確かに、それらの投資家は大損害を被ってしまった。トッドは、「人類史上最大の金融詐欺」を米国が行ったと糾弾している（本書第1章、初出『環』二〇〇九年冬号）。

ただし、トッドの「予言」を個人投資家が投資判断のタイミングに使うことは難しいかもしれない。あまりに鋭く本質を見抜いているがゆえに、時間軸が長いからである。彼がソ連の異常に高い乳幼児死亡率を根拠に同体制の崩壊を予想した『最後の転落』は一九七六年の著作だ。最終的にソ連が崩壊するのは一九九一年である。予想の実現が遅れたというよりも、先行き体制を揺るがすことになる矛盾の「萌芽」をかなり早い時期から彼が察知していたということだろう（彼は「二〇年、二〇年、ないし三〇年以内の崩壊」を予想していた）。また、彼は米国で「早晩、前代未聞の規模の証券パニック」が起きると予測した。それは的中するが、「予言」から五年後のことであり、米国の住宅・信用バブルはその間に一段と燃え盛っていた。

とはいえ、長期的なリスクの所在を探知するには、金融市場参加者もトッドの指摘に注目する必要があるだろう。彼の発言には、米国の主流派経済学者からは決して聞くことができない、興味深い視点が多々含まれている。

二〇〇八年来のドルの動きとドルを支える「信仰」

トッドは『帝国以後』の中で、「前代未聞の規模の証券パニックに続いてドルの崩壊が起こる」と書いていた。「前代未聞の証券パニック」は発生したが、それに続く「ドルの崩壊」は未だ起きていない。むしろ、証券パニックの深化とともにドルは上昇を見せた。FRBが発表している貿易額を基に算出した広範囲の実質ドル・インデックスは、二〇〇八年八月以降、急上昇した（**グラフ1**）。最近は調整が生じてやや下落しているが、一九七三年以降の水準と比較すれば、暴落というほどのものではない。

二〇〇八年来のドルの動きの背景を整理してみると、①米国での資金運用で傷を負った投資家が、海外へ投資していた資金を本国に回帰させた、②ドル建て証券化商品に大規模に投資してきた海外金融機関（特に欧州系）は、それらを損切って売却することが難しく、ドル建て商品を持ち続けるために巨額の短期ドル調達を継続していた、③欧州や日本など海外経済の悪化が進み、相対的に米国経済の悪さが目立たなくなった、といった点などが理由として考えられる。

一方、トッドは別の観点から、下落しないドルに関し、次のような示唆に富む発言を行っている

グラフ１　1973年以降の実質ドル・インデックスの推移

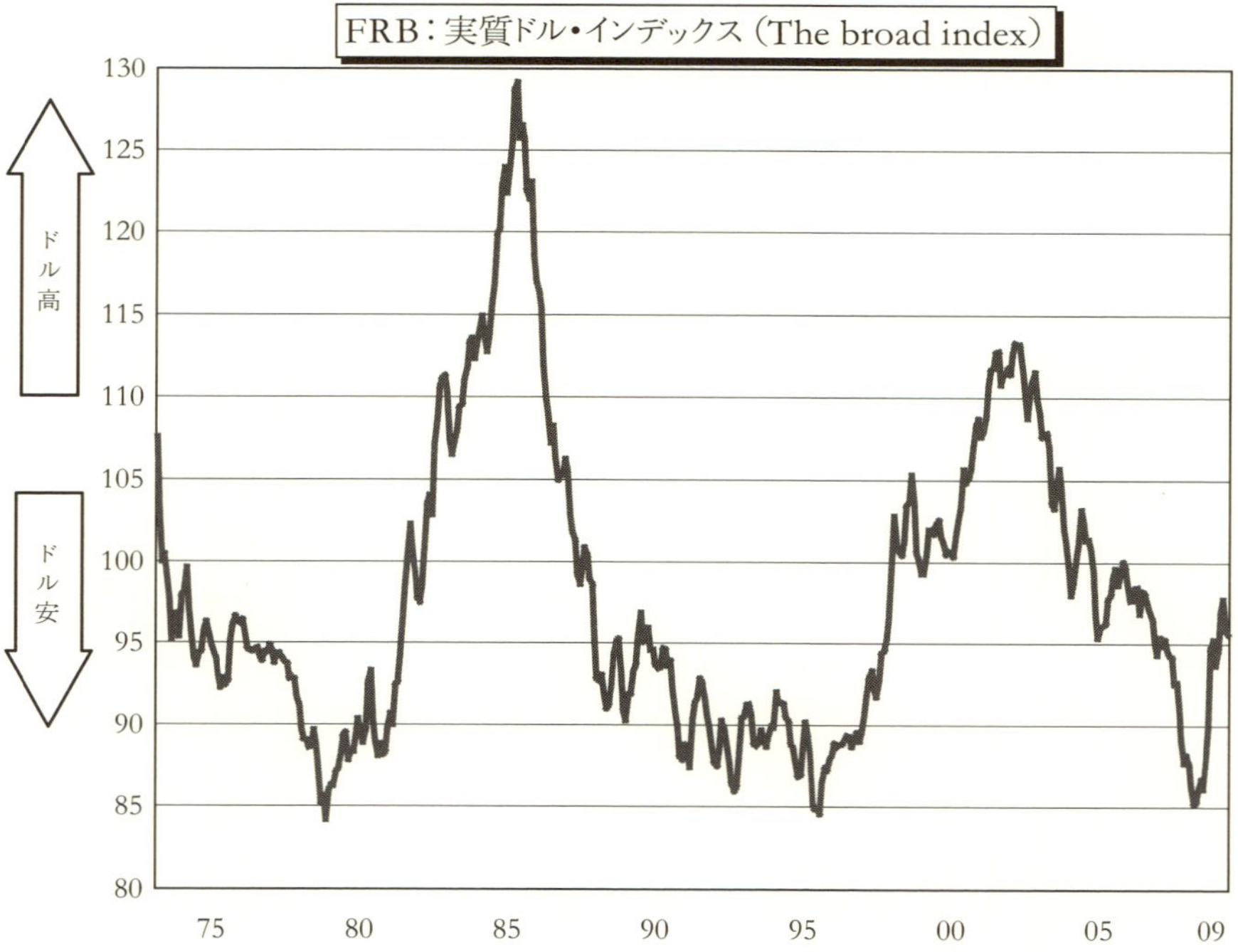

（本書第1章、初出『環』二〇〇九年冬号）。軍事的覇権は、決してよいことではない。絶対的権力は絶対的に腐敗するため、武力の濫用につながる。それに対し、経済的覇権は必ずしも悪くない。第一次大戦後にイギリスの経済的覇権は崩壊したが、「それは筆舌に尽くし難い混乱」を引き起こした。それゆえ、経済的な面で人々がアメリカの覇権の消滅を恐れていることは理解できる。

二〇〇九年二月二七日放映のNHK・BS『未来への提言　人類学者エマニュエル・トッド――アメリカ〝帝国〟以後の世界を読む』で、トッドは次のようにも語っていた。「オバマの当選がアメリカというシステムの寿命を延ばしたのは明らかです。」「実は同盟国はアメリカに隷属したいと願っているのです。アメリカに世界の中心であり続けて欲しいのです。しかし、ご存じのようにアメリカは今、空っぽの貝殻のようなものです。」「何より最終的な強みは、同盟国がアメリカの消滅を恐れていることです。リーダー不在の世界は不安ですから、人々には『幻想』が必要なのです。」

麻生首相は二〇〇九年二月二七日に「ドルの基軸が安定していることの方が、われわれにとって国益が大きい」と語った。また、与謝野財務・金融・経済担当相は、六月二五日に、「われわれは米国の基軸通貨体制を支持するものであり、日本の決済手段としてのドルを基軸通貨として使うという基本方針は今後も変わらない」と述べている（ロイター）。

中国やロシアはドル基軸通貨体制に牽制を発しているものの、トッドが言う「アメリカの経済覇権継続を信じたい」という周辺国の「信仰」は、欧州などライバル経済の「敵失」も作用して当面持続されそうである。ドルが基軸通貨の地位を今後も維持できるか否かのポイントは、オバマ政権が金融システムを再生できるかどうかに加え、雇用、税収を生み出す新産業の育成を実現できるかにかかっている。それは長期的な課題であり、実現するまでの間、米国は海外投資家の「信仰」を維持し続ける必要がある。もし、米国政府がインフレを起こして海外からの借金の実質価値を減価させようとしたり、政府がＦＲＢに紙幣を刷らせることで安易に財政赤字を賄おうとしたりすれば、国際金融市場でドルに対する不信感が急速に高まり、「信仰」は急速に崩れるだろう。

その点では、ＦＲＢが金融政策を適切に運営して、米国に対する信認を維持していくことは従来にも増して重要である。以下、ＦＲＢを率いるベン・バーナンキ議長が現在どのようなスタンスで政策を運営しているのか、将来どのようなリスクがあり得るのか、ポイントを整理してみよう。

急速に膨張したＦＲＢの資産

バーナンキは、経済学者時代に書いた有名な著書“Essays on the great depression”（『大恐慌に関するエッセイ』二〇〇〇年、Princeton University Press）の冒頭で次のように述べている。「私は大恐慌マニア（buff）だと思っている。なぜもっと多くの大恐慌マニアがいないのか私には理解できない。大恐慌は信じられないほどドラマチックなエピソードなのに。私は大恐慌研究を楽しんできた。なぜなら、それは現代の歴史の重要な時点における魅惑的な出来事だからである。」

彼が大恐慌研究に強く惹きつけられてきた背景には、ユダヤ系の人々の歴史が影響しているという観測が米国の金融市場で聞かれることがある。大恐慌は、ドイツにおいてナチズムを台頭させた不幸な歴史の原因のひとつだからである。

そのバーナンキ議長率いるFRBのバランス・シートは、二〇〇八年の秋から暮れにかけて凄まじい膨張を見せた（**グラフ2**）。毎週水曜日のデータによれば、リーマン・ブラザーズ破綻前（二〇〇八年九月一〇日）のFRBの資産総額は九四二九億ドルだった（前年比＋四％の緩やかな伸び）。その後、同社が連邦破産法第一一条を九月一五日に申請し、金融市場で大パニックが生じる。金融機関や機関投資家は、借入金によって梃子（レバレッジ）を効かせて膨張させていた資産を維持できなくなり、激しい資産の投げ売りが生じた。

〝デ・レバレッジ〟と呼ばれるその動きを放置したら、経済にマネーという血液を運ぶ循環器である金融システムは、完全に崩壊してしまう。経済が壊死を起こさないように、金融システムに〝人工心臓〟を取り付けるがごとく、FRBは空前の勢いで銀行や証券会社へ資金供給を拡大した。資金繰りに窮したマネーマーケット・ファンドという投資信託にも、事実上の資金供給を大規模に実施した。市場で買い手がいなくなってしまったCP（コマーシャル・ペーパー、企業や金融機関などが発行する短期の社債）も大胆に購入した。バーナンキ議長は、それらの政策を「信用緩和策」と呼んでいる。

信用緩和策の結果、FRBの資産はみるみる膨張し、同年一二月一七日に二兆三一一九億ドルに達した。わずか三カ月強で二・五倍の規模に肥大したのである。バーナンキは一九三〇年代の大恐

グラフ２　急速に膨張したＦＲＢの資産

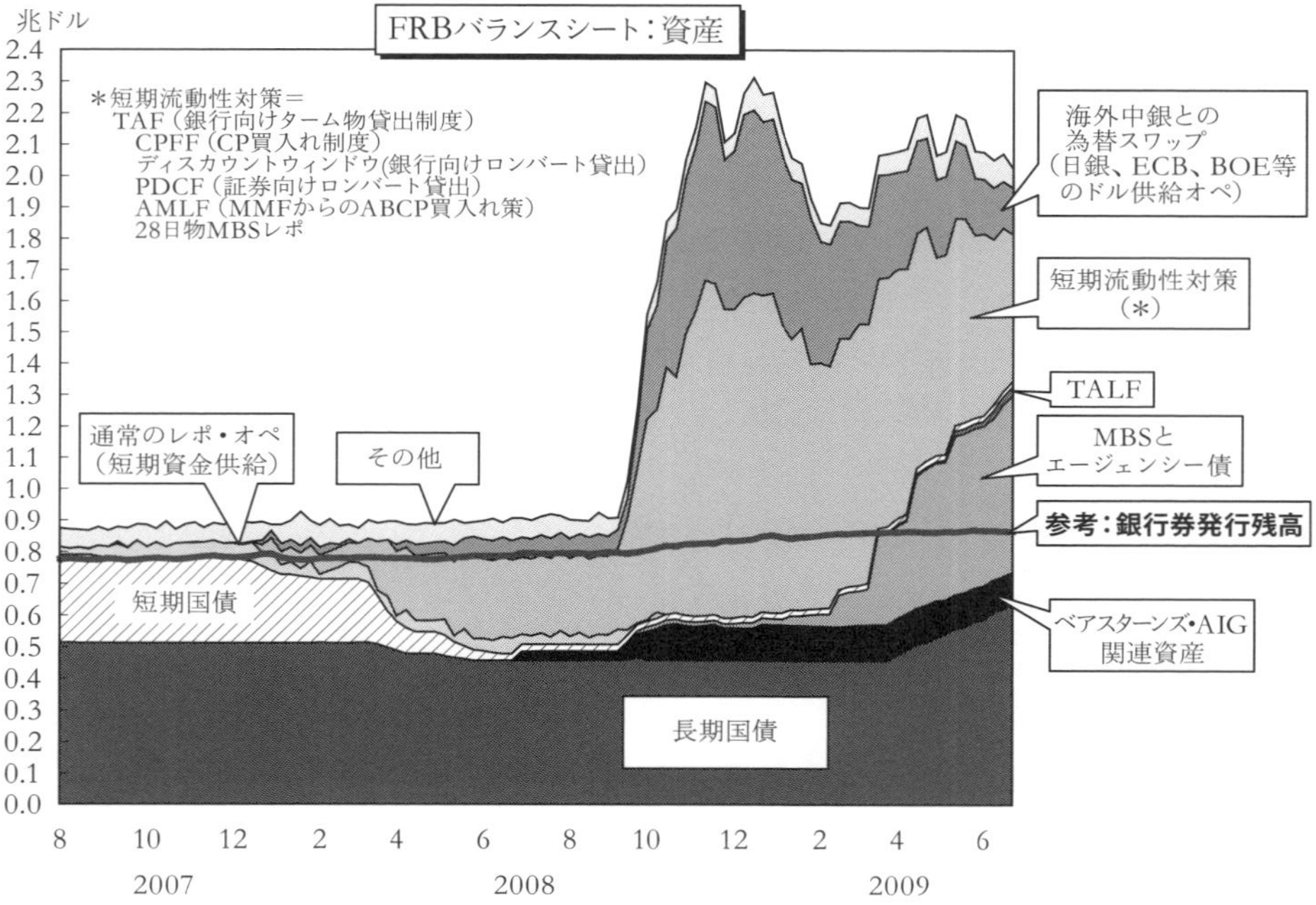

FRBバランスシート：資産
兆ドル
2.4
2.3
2.2
2.1
2.0
1.9
1.8
1.7
1.6
1.5
1.4
1.3
1.2
1.1
1.0
0.9
0.8
0.7
0.6
0.5
0.4
0.3
0.2
0.1
0.0
＊短期流動性対策＝
TAF（銀行向けターム物貸出制度）
CPFF（CP買入れ制度）
ディスカウントウィンドウ(銀行向けロンバート貸出)
PDCF（証券向けロンバート貸出）
AMLF（MMFからのABCP買入れ策）
28日物MBSレポ
通常のレポ・オペ（短期資金供給）
その他
短期国債
長期国債
海外中銀との為替スワップ（日銀、ECB、BOE等のドル供給オペ）
短期流動性対策（＊）
TALF
MBSとエージェンシー債
参考：銀行券発行残高
ベアスターンズ・AIG関連資産
8
10
12
2
4
6
8
10
12
2
4
6
2007
2008
2009

慌期の教訓から、米金融システムの崩壊をFRBのバランス・シートを使って崖っぷちで支える姿勢を見せた。とはいえ、先述の著作にあるような「楽しむ」余裕は、議長を含むFRB関係者には全くなかっただろう。危機対策で連日の徹夜となり、疲労困憊となったスタッフが多数いたようだ。

また、FRBはフェデラルファンド金利（銀行間の期間一日の無担保資金貸借金利）誘導目標を同年一二月一六日に〇〜〇・二五％のレンジへ引き下げると同時に、MBS（モーゲージ担保証券、住宅ローン債権の流動化を目的とする米国の代表的な資産担保証券）や国債などを大規模に購入しながら自身のバランス・シートを更に拡大していく決意を表明した。住宅ローン金利を低下させて、住宅の差し押さえや競売の増加を抑えることが目的である。二〇〇九年三月一八日には、年末までに、政府系住宅金融機関であるフレディーマック、ファニーメイ、ジニーメイが保証するMBS（エージェンシーMBSと呼ばれる）を一・二五兆ドル、エージェンシー債（政府系住宅金融機関が資金調達のために発行する債券）を二〇〇〇億ドル、半年以内に国債を三〇〇〇億ドル、計一・七五兆ドル購入することを表明した。また、学資ローン、自動車ローン、クレジットカード・ローン、政府保証付き中小企業向けローン、商業不動産ローンなどに関連する資産担保証券を保有する投資家に対して、それを担保に期間三〜五年の低利のノンリコース・ローン（借り手は差し入れた担保以外には返済義務を負わないローン）を行うTALF（ターム物資産担保証券貸出制度）を一兆ドルまで実施する方針をFRBは示している。TALFは凍りついた消費関連のローン市場や商業不動産市場を救済することが目的である。

こうしたFRBの大胆な政策に加え、オバマ政権の大規模な財政支出拡大の効果も表れ始め、二〇〇九年春頃から「Green Shoots」（回復の〝芽吹き〟）という言葉が米国で流行るようになった。ウォール街の人々の間からは、米国経済の崩壊を食い止めたバーナンキを「ヒーローだ」と称賛する声も聞こえる。しかし、実際のところ、FRBはこの間、かなり際どいタイト・ロープの上を渡ってきたと言える。今後もドルの信認を維持する上での危うさを、現在の金融政策は孕んでいる。

ドル信認の裏付けとなるFRB資産の健全性

平常時のFRBのバランスシートにおける負債サイドの最大の項目は、ドル紙幣である。金本位制が終了して以来、〝ペーパーマネー〟であるドル紙幣の信認は、基本的にはFRBの資産の健全性により裏付けられてきた。

平時の中央銀行は、自身の資産の安全性に配慮して、金融機関にお金を貸す時は安全な担保を見返りとして要求する。また、市場から何らかの金融負債を購入するときは、デフォルトが起きる確率が小さいもの（国債など）を選んでいる。しかし、現在のFRBは、それとはかけ離れた姿になっている。FRBは二〇〇八年来、大胆に民間債務のリスクを、バランス・シートに取り込んできた。米国の場合、連邦政府レベルで、日本の政策投資銀行のように政府の意向を受けて金融市場対策を発動できる機関が存在しないことも、FRBがそういった政策を行わざるを得ない要因になっている。

リーマン・ブラザーズの破綻以降、異例の膨張を示しているFRBの資産には、FRBの自己資本を毀損しかねないリスクが含まれているように見える。緊急危機対策として必要な処置であったとはいえ、FRBの財務の健全性は大丈夫なのか？　ドルの信認はどうなるのか？と不安を感じた市場関係者は珍しくなかった。

バーナンキは、もともと非常時においては中央銀行のバランス・シートの健全性を議論しても意味はないという考え方を持っていた。中央銀行の資本が毀損されたら、通貨の価値を守るために、政府は中央銀行に資本注入を行わざるを得ないからである。

だが、米マスメディアや市場関係者が、FRBの資産劣化懸念に度々言及し始めたため、その状況をバーナンキらは無視できなくなった。FRB幹部は、CP買入策、ベア・スターンズおよびAIG関連融資、TALF等々の信用緩和策を説明する際には、必ずといってよいほど「財務省の協力を得ながら」「財務省と協調しながら」といった〝枕詞〟を用いるようになっている。FRBの資産に損失が発生したら、財務省がそれを保証することを財務長官と約束しているとFRB幹部は強調している。

連邦準備法第一三条三項という例外規定の発動

幸いにしてFRBが保有する資産に問題が生じなければ、二〇〇九年度のFRBは大幅な増益を記録するだろう。FRBは市場を支えるために様々な証券を購入したが、それらの多くは底値に近いところで購入されている。また、平時よりもFRBの資産は長期化しているため、平均的な利回りは高くなっている。

しかし、逆に、FRBが持つ資産に大きなデフォルトが発生するようなことがあると、その損失は財務省、つまり米国民の税金で補填されることになる。現在の財務長官は、一月までニューヨーク連銀総裁としてFRBのFOMC（公開市場委員会）の副議長を務めていたT・ガイトナーだ。彼は約束通り税金を使ってFRBを援助しようとするだろう。しかし、問題は米議会である。

これまで議会は、バーナンキ議長の積極的な信用緩和策を基本的に支持してきた。しかし、ひとたびFRBに損失が生じると、納税者負担が顕在化するだけに、FRB理事会が**連邦準備法第一三条三項**を次々と発動してきたことが議会で問題視される恐れはある。

第一三条三項は、**異常かつ切迫した事態**（"unusual and exigent circumstances"）における例外規定としてFRBが銀行以外の企業や個人に貸出を行うことを認めるものである。一九三〇年代以降、二〇〇七年まで一度も実施されたことはなかった。しかし、二〇〇八年来、FRBはそれを適用して、信用緩和策を推し進めてきた。第一三条三項は、五人のFRB理事の賛成があれば適用できる。二〇〇九年二月一〇日の米下院金融サービス委員会では、その是非がテーマとして議論された。議会のチェックを経ずに（国民から選挙で選ばれたわけではない）五人のFRB理事の賛成票だけで、納税者負担につながるかもしれない巨額の貸出などを次々と実行してよいのか、という問題意識がフランク委員長（民主党）らにはある。

信用緩和策は金融システム安定化のために必要であったとはいえ、そもそも危機を招いた住宅・信用バブルを発生させた責任の何割かはＦＲＢが負っている。もしＦＲＢを税金で助ける必要が生じたら、議会はＦＲＢの今後の政策判断に対する監視を強める決議を行うだろう。それは、先行きの金融政策の独立性を低下させる恐れがある、と心配している地区連銀総裁は多い。

実現困難な出口政策――これほどの超過準備を適切に吸収できるか？

米国が巨大な経常赤字を続けながらも、ドルが基軸通貨の地位から転落せずにこれまでやってこられた理由のひとつに、中央銀行であるＦＲＢの独立性が確保され、それがドルの信認の維持に貢献してきた点が挙げられる。

ＦＲＢが金融政策の判断において独立性を確保できるようになった大きな契機は、一九五一年三月に財務省との間で結ばれた「アコード」（合意）にある。国債価格維持政策への従属からＦＲＢを解放することを意図した「アコード」は、「金融政策のルネッサンス」とも呼ばれている。

その五八年後の二〇〇九年三月二三日に、ＦＲＢと財務省は共同声明（現代版「アコード」）を発表した。ＦＲＢは、米国債を三〇〇〇億ドル購入することを三月一八日に決定していた。その共同声明は、金融政策の独立性を両者の間であらためて再確認し、「先行きの金融政策に悪影響が及ぶのではないか」という市場の疑念を打ち消すことを目的としていた。しかし、金融引き締めが実際に必要なフェーズになってきたときに、ＦＲＢと財務省および米政権が良好な関係を保てるかというと不透明感が残っていることは否めない。コーンＦＲＢ副議長は五月二三日に、政権は出口政策時に我々に協力すると言明しているから大丈夫だ、と述べたが、やや心もとない。

米国経済に現在見られる「回復の芽吹き」が、そのままV型の力強い回復につながっていく確率は低いだろう。それゆえ、ＦＲＢの出口政策が本格的に始まる時期は、しばらく先のことと思われる。

バーナンキ議長も指摘しているが、ＦＲＢが現在市場に供給している膨大な資金（超過準備は約七〇〇〇～八〇〇〇億ドルと巨大である）が今すぐ激しいインフレを招く可能性は低い。銀行は体力がないため、彼らは大半の超過準備を貸出や投資に使わず、ＦＲＢの口座に眠らせたままにしている。しかし、先行き、米国経済が回復を見せ、金融機関が不良資産の処理を終えて財務が健全化したら、ＦＲＢは金融政策の正常化を進めていかなければならない。過剰な流動性を吸い上げつつ、政策金利（フェデラルファンド金利）を適切なタイミングで引き上げていく必要が生じる。

適切な出口政策ができないと、インフレ率の制御が困難になったり、あるいは世界のどこかで新たなバブルが発生する恐れが出てくる。金融市場がそのような懸念を抱くと、米国の長期国債の金利は、将来のインフレを織り込んで上昇を始めてしまう。

ＦＲＢは必ずしも過去の出口政策の信認が高い中央銀行ではないため、先行きに関しては丁寧な説明が必要だろう。二〇〇三〜二〇〇四年の緩和策（政策金利一％）からの出口政策には、今振り返って見れば問題があった。当時のグリーンスパン議長は、大恐慌の教訓からデフレ防止を重視するバーナンキ理事に強く背中を押され、インフレ率がしっかりと上昇するまで一％の政策金利を据え置いた。近年、その判断は、住宅バブル過熱の一因となったと有力な経済学者や『ウォールストリート・ジャーナル』紙などから批判を受けている。

国際決済銀行（ＢＩＳ）は二〇〇九年六月に発表した年次報告書で次のように指摘している。二〇〇一年半ばから二〇〇五年末にかけて、ＦＲＢの実質の政策金利は一％未満、あるいはマイナスであった。世界経済に占める米国経済のシェアは大きい。しかも、ドルは世界で決済に使われており、ドルに自国通貨をペッグ（釘づけ）している国も多い。ＦＲＢが政策金利を低位に維持したことは、その後のバブル生成に影響を与えた。また、低金利により運用利回りを十分に稼げなくなったファンド・マネージャー達が過剰なリスクをとってしまったことも危機の発生に寄与した。

ここ最近、バーナンキ議長、コーン副議長、ダッドリー・ニューヨーク連銀総裁、イエレン・サンフランシスコ連銀総裁らＦＲＢ幹部は、入れ替わり立ち替わり、驚くほど頻繁に、ＦＲＢは適切な出口政策を将来行うことができると市場に対して説明を行っている。ＦＲＢの景気認識はまだ慎重だが、前述のように、長期金利の上昇を抑えるためには、ＦＲＢは将来の出口政策に関する信認を市場から得ておかなければならないと考えている。

ＦＲＢ幹部は、出口政策（金融政策の正常化）を始めるときは、市場から購入したＭＢＳや長期国債を市場に売却すればいい、と説明している。しかし、それは住宅ローン金利や長期金利を急騰させる恐れがある。米国の著名なエコノミスト、ヘンリー・カウフマンは、住宅産業のロビイストが動き出して、FRBにMBSを売らせないように政治家に働きかける恐れがあると懸念している。また、BISも前掲の年次報告書で、各国が現在実施している金融緩和策を巻き戻す際には、それを遅らせようとする強い政治的圧力が加わる恐れがあると警戒している。

ブッシュ政権時代の財務次官であり、政策金利のルールとして広く知られる「テーラー・ルール」を創ったスタンフォード大学のJ・B・テーラー教授も、リーマン破綻以降のFRBの政策の問題を懸念している（二〇〇九年三月二四日の『フィナンシャル・タイムズ』紙への寄稿）。

「FRBが起こしている爆発的な準備預金の増加を支持するマネタリーな原理や先験的な証拠はない。FRBは必要が来たら準備預金を取り除くと表明している。しかしながら、マネーの増大は、長く、気まぐれなラグを伴ってインフレ率に影響を与える。

FRBは必要なときに間に合うようにコースを変更することができるだろうか？　それを行うには、FRBは計三兆ドルを超える国債、民間証券、貸出をそのバランス・シートから外すという政治的に困難な課題を請け負わなければならない。

さらに問題を難しくするのは、財務省の異常な資金借り入れ需要と、FRBが国債を購入するという声明である。たとえ短期的な便益があるとしても、それら（国債の大規模購入など）は、FRBの独立性の喪失というコストに相殺されるだろう。FRBが長期国債を購入するというアナウンスメントは、ＦＲＢの独立性がほとんどなかった一九五一年の『アコード』以前の時代を思い出させる。

ＦＲＢは信用のフローを改善して、広範囲の資金の借り手の金利を押し下げたいがために、介入を行っている。しかしながら、そういった介入が非常に短期的な便益を越えて有効かどうかは必ずしも明確ではない。異常な政策手段の有害さは、ＦＲＢの役割を永久に変えてしまう潜在力を持っている。」

このように、ＦＲＢが出口政策に着手する際に政治的な摩擦が起きることが心配されるが、金融調節の技術的側面においても、日銀が二〇〇六年に行った量的緩和策からの出口政策を上回る困難さが待ち受けている。

第一に、バランス・シートの規模が凄まじく膨張している。第二に、今後、ＦＲＢの資産は空前の長期化を見せるようになる。**グラフ3**は、二〇〇九年末までを大まかに想定したＦＲＢの長期資産（一年〜三〇年）の残高の推移である。短期資金供給（一年以内）は、短期金融市場の混乱が後退してきているため減少傾向が続いているが、長期資金供給は拡大が予想される。

ＦＲＢが二〇〇九年三月に表明した長期証券の購入予定（計一・七五兆ドル）が全額実行され、ＴＡＬＦも予定通り一兆ドル利用され、ベア・スターンズおよびＡＩＧ関連の資産もあまり減らないならば、ＦＲＢの長期資金供給は年末に三・三兆ドル程度になる（ＦＲＢの意に反し、現時点ではＴＡＬＦの利用額は伸び悩んでいる。今後もそうであればＦＲＢの長期資金供給は三・三兆ドルに達しない。一方、もし

グラフ３　ＦＲＢの長期資産の残高の推移

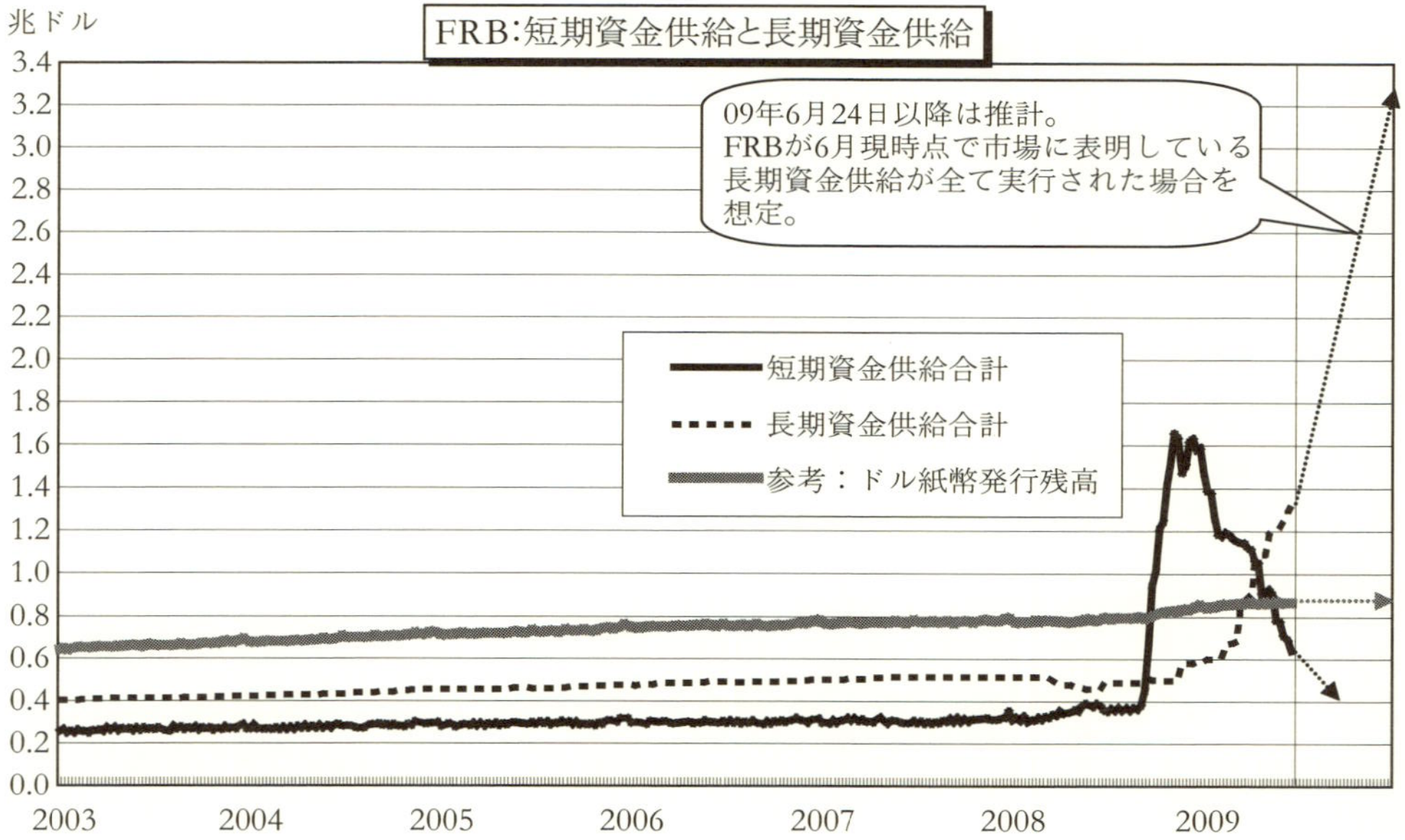

FRBが国債等の購入を増額すれば、それは長期資金供給を増加させる）。

年末のドル紙幣発行残高を九二〇〇億ドル前後と推測するならば、FRBの長期資産は銀行券に対して三・六倍前後という凄まじい規模になる。専門的な技術論になってしまうため細かい解説は省略するが、銀行券発行残高を遥かに上回ってFRBが長期の資産を大規模に持つことは、民間部門で膨大な超過準備が長期間存在する可能性があることを意味している。FRBがエージェンシーMBSや国債を市場に大規模に売却するならば、超過準備は吸収される。しかし、前述のように政治的摩擦もあってそれが難しい場合、FRBは市場から短期の資金吸収を行おうとするだろう。ここで問題がある。日銀やイングランド銀行と異なって、FRBは手形や短期の債券を発行して資金を短期間吸収する手段を議会から認められていない（いわゆる売出手形オペ）。仮に議会がそれを承認しても（難航が予想されるようだが）、超過準備の吸収はそれだけでは完了できず、恐らくFRBは、リバース・レポ（FRBが買い戻し条件付きで債券を市場に短期間売却して、資金を吸収するオペ）、超過準備への付利の引き上げ、準備預金率引き上げなどを組み合わせながら、アクロバチックに出口政策を行っていくことになると推測される。

どの中央銀行も経験したことがない壮大な実験になると思われる。もし、必要な引き締め効果を出せない場合、米国だけでなく世界経済に悪影響を及ぼす恐れがある。

出口政策を準備せず短期的目標を最優先する米国の政策

ＦＲＢの現在の政策の驚くべき点は、大恐慌を避けるためであれば、売出手形オペなど将来必要となる出口政策のツールが完備していなくても、資金供給を積極果敢に凄まじい規模で行っている点にある。短期的な目標の達成を徹底的にプラグマティックに最優先し、長期的に生じるかもしれない問題は後で議論するというスタンスがそこに見て取れる。日銀やＥＣＢ（欧州中央銀行）とは異なるアングロサクソン的な積極性と評価することもできる。しかし、出口政策を考慮せずに突入していったブッシュ政権のイラク戦争のようなことにならなければよいが、という不安も湧いてくる。

その点、ＥＣＢのトリシェ総裁（元フランスの財務省官僚）は全く異なる視点から金融政策の運営スタンスを語っている（欧州議会における二月一六日の講演）。

「いくつかの国（引用者注——恐らく米国）のマクロ経済政策は、中期的な安定と維持可能性に十分に焦点を当ててこなかった。グローバル経済において、いくつかの国が世界の残りの他の国からお金を借り続けることは最適であるという誤った信念が見られた。グローバル経済を、以前経験した不均衡な状態に戻さないことは重要だ。政策決定者にとって、ただ単に短期的な解決を図るのではなく、長期的な観点を持つことが、最重要な点である。それゆえ賢い政策アクションは次の二つの要因を含むことになる。第一に、信頼される出口政策が策定されなければならない。マクロ経済指標が望ましい状態に戻ったら、出口政策は早急に執行されなくてはいけない。第二に、政策は短期的な国内需要を刺激することだけを狙うのではなく、長期的な構造調整を促進するべきだ。安定志向の政策は欧州のトレードマークである。」

トリシェは、二〇〇九年四月の記者会見でも、非標準的な手法の金融政策を行う場合は、「明日、あるいは明後日に、我々や我々の子供たちに何が起きるのか、という観点で議論することが重要だ」と述べている。

「安定志向」という基本方針は、ECBだけでなく、欧州大陸の政治にも見られる。特にドイツにその傾向が強い。財政赤字を拡大させず、サステナビリティを重視する政策を表明する方が国民に歓迎されるという風潮がドイツにはある。三月二七日の『フィナンシャル・タイムズ』紙上のメルケル独首相のインタビューにもそれが顕著に表れていた。「米政府とFRBが二〇〇一年のセプテンバー・イレブンの後に実施した、低コストの資金を金融システムに大規模に注入した政策には多大な誤りがあった。我々は現在の危機の原因を見つめなければならない。政府は成長を加速させるために、人々にリスク・テイキングを促した。この過ちを繰り返すことはできない。我々は、成長をしっかりとした大地にくくりつけなければならない。」

また、シュタインブリュック独財務相は、ドイツの大衆紙『ビルド』に、世界の中央銀行が実施している超金融緩和策と巨大な国債発行を伴う各国の財政刺激策が、長期的なインフレ圧力や新しい資産バブルを発生させる恐れがあると語っていた。「グローバル経済が回復したら、世界は高インフレと〝危機の後の危機〟に直面するだろう。」

ドイツでは二〇〇九年九月に選挙がある。欧州の景気悪化も深刻化している。選挙が近いのに、なぜメルケルら独政権幹部はそんな長期志向のことを言うのだろうか?と不思議になる。麻生政権は選挙を意識して追加経済対策を行ってきた。一方、ドイツ政府は、四月二二日の閣議で、第三次景気対策は見送ると決定している。フランクフルトの市場関係に聞いてみると、選挙が近づいているからこそ、ドイツでは政治家が、有権者に好まれるように、短期的な経済刺激策よりもサステナビリティを重視する政策を強調したがるのだという。バーナンキを始めとする米国の有力経済学者の多くは、大恐慌の再現をいかにして避けるか、という点を重視しているが、一方ドイツでは、ワイマール時代のハイパー・インフレーションのトラウマが人々の間に今でも強烈に残っている。六月初旬にもメルケル独首相は、FRBなど各国の中央銀行の金融緩和策は行き過ぎだと異例の批判を展開している。米国とドイツの文化的、歴史的相違点が鮮やかに見てとれる。

財政赤字の貨幣化とドル暴落の現実性

前述のように、FRBは三月に米国債を半年間で三〇〇〇億ドル購入することを表明した。それは一時的に米国の長期金利を低下させたが、しばらくして長期金利は上昇を始め、その効果は確認しづらくなってしまった。六月のFOMCでは、FRBは国債を追加購入することを明示せず、八月以降のＦＯＭＣに判断を先送りした。ＦＲＢは、段階的に購入額を縮小していきたいのではないかと推測される。

米国政府は国債発行額を大幅に増加させている。国債の金利上昇を避けるには、ＦＲＢが国債の購入額を増加させていけばいいようにも思われるが、逆の効果が生まれる恐れもある。財政規律を喪失した国が選択しがちな、中央銀行による典型的な財政赤字のマネタイゼーション（貨幣化）だと海外投資家に判断されたら危険である。一般的に、財政赤字の拡大が予定されている純債務国の中央銀行が、自国の国債を大規模に購入することを声高らかに宣言したら、海外投資家は恐怖を感じて逃げ出すだろう。しかし、ＦＲＢがこれまでそういう態度を示してこられたのは、基軸通貨国ゆえの恩恵に浴しているからだと思われる。

皮肉にも、ＦＲＢのクロズナー理事は二〇〇七年五月の講演で、近年の発展途上国、エマージング市場国がマネタイゼーションを行わなくなったことが、彼らの経済を成長させたと述べていた。

- 政府が中央銀行を便利な「豚の貯金箱」（叩いて割ればすぐお金が出てくる）として利用し、財政支出を紙幣の印刷でまかなおうとすると、インフレ率は上昇し、「インフレ税」として知られる資産の減価が生じる。
- しかし、グローバリゼーション、規制緩和、金融革新の下では、政府がそのような「インフレ税」を課そうとすると、市民は容易に富を海外へ流出させてしまう。

・電子決済、トレーディング・システムの進歩、クレジット・カード・ネットワークの普及などによって、消費者、投資家、銀行は、彼らの通貨や資産を、低コストでかつ迅速にインフレのリスクから避難させることができるようになっている。

・通貨間の競争が高まっている状況においては、「インフレ税」をかけようとすると課税ベースが縮小してしまう。このため現代の政府はそのような政策を望まなくなっている。

あの国は財政赤字のマネタイゼーションは行わない、「インフレ税」は課さない、と海外投資家に信頼されると、世界から投資資金が流入してくる。低コストの資金を安定的に調達できるようになれば、港湾、道路、工場用地、教育制度などのインフラ整備が容易になり、それが成長を牽引した。近年急成長した発展途上国にはそのような傾向が見られた。

世界銀行などの指導もあって、近年、安易なマネタイゼーションを行う国は非常に珍しくなっている。しかし、それをやってしまってハイパー・インフレを起こしたのがジンバブエである。同国のインフレ率（前年比）は、二〇〇八年七月に二億三一〇〇万%を記録した。同政府はインフレ率の公表をやめるが、その後もインフレは急騰を続けた。二〇〇九年一月に同国の中央銀行は、一〇〇兆ジンバブエ・ドル札を発行する。しかし、二月初旬にはそのお札でパン一斤すら買えなくなったという（CNN）。行政、教育、医療サービスなども機能不全となり、コレラが蔓延するなど、国民は大変な辛苦に直面した。結局、ジンバブエは自国通貨の流通を事実上放棄する。現在、同国では米ドルや南アフリカ・ランドなどの海外通貨が使われている。

ハイパー・インフレの害悪はあまりに大きいため、米国が自らそれを選択することは考えられない。しかし、海外投資家から不信感を抱かれないようにすることは米国にとって非常に重要である。バーナンキが二〇〇八年一二月に国債を買う決意を表明した後、海外のSWF（国富ファンド）の間で、米国の姿勢を不安視する声が一部あったようである。

現在、米国の市場性国債の五割以上は、海外投資家によって保有されている。米財務省発表の四月の米国債海外保有額を見ると、一位中国、二位日本、三位カリブ銀行センター、四位石油輸出国、五位英国、六位ロシアだ。三位と五位には、実際は中東のオイル・マネーがかなり流れているだろう。「世界の民主主義の教師」を自負する米国の財政赤字は、非民主主義国の資金で支えられている。奇妙な構図である。ガイトナー米財務長官は六月初旬に中国を訪問し、安定的な米国債購入を要請した。中国は膨大な米国債を保有しているがゆえに、ドルの信認が急激に傾けば彼らも困るはずだ。トッドが言う「信仰」を支えねばならぬ面を持っているが、だからといって、無条件にドルの基軸体制の継続を望む国でもない。それゆえガイトナーは訪中したわけだが、それは天安門事件二〇周年の数日前のことだった。従来の米国であれば、人権擁護議論の観点から、こんな時期に政府高官が中国に国債のセールスに行くことはなかっただろう。米国サイドに余裕が無くなってきていることが見て取れる。

金融危機と民主主義

ところで、ご参考までに、民主主義など政治体制と経済成長の関係を整理したコラムを米セントルイス連銀のエコノミストが最近書いていたので紹介したい。経済学者バローが、一九六〇年から一九九〇年にかけて一〇〇カ国を調べたところ、国民の政治的権利が拡大した国において成長が高まっていた。しかし、すでに中程度の民主主義が達成されていた国では、さらなる政治的権利の獲得は、所得の再配分政策経済を招き成長を鈍化させたという。

別の研究は、政府による富の収奪の抑制と経済成長との間に強い関連性が見られると示している。本国への資源移転が主目的とされたスペインなどの植民地では、成長は限られていた。一方、私有財産の保護や政府による収奪の抑制が確立されていた植民地（オーストラリア、ニュージーランド、カナダ、米国）では、独立に至るほどの成長が実現した。

また、別の研究によれば、一九六〇年に貧困だった国の大半は独裁体制だったが、その後の四〇年の成長はまちまちだった。中国のように高成長しながらも独裁を維持している国もある。財産権の保護が、投資や教育を促進しているのである。

このように様々な分析が存在するものの、このセントルイス連銀のコラムは、基本的には、民主主義、自由市場経済、私有財産権の保護、高水準の教育は、経済成長をもたらすという考え方を支持している。もっとも、米政府、FRBによる金融機関や大手企業に対する救済策が〝社会主義的〟に次々と発動されていくと、危機が終わった後の米資本主義におけるビジネス上のモラルはどういうことになるのだろうか、という疑問も湧いてくる。

米国の金融システムはある程度の改善を見せ、現在小康状態となっている。しかし、実体経済の回復が遅れると、銀行の資産が悪化していく恐れがあり、金融システムへの公的資金の投入が再び大規模に必要になる可能性があり得る。その際、米国の民主主義が内包するリスクに警戒が必要かもしれない。

二〇〇九年四月二日にロンドンで開催されたG20は大荒れとなった。「アンチ資本主義」「アンチ・グローバリゼーション」を唱える人々が欧州各地から金融街シティに集結し、大規模かつ暴力的なデモが行われた。資本主義そのものを否定する声は、ヨーロッパの民衆の多数派ではないだろう。今さら社会主義に向かうわけにもいかない。しかしながら、短期的な利益を強欲に追求し過ぎて破綻した金融機関をなぜ税金で救済しなければならないのか、という怒りの嵐は、ロンドンでデモを行っていた人々だけでなく、欧米の世論を中心に高まっている。

写真1・2は、先日、ワシントンに出張した際に入手したTシャツである。国会議事堂近くの土産物屋の店頭に陳列されていた。ひとつには、"Hey Mr. President, Where's My Bail Out?"（「おい、大統領、俺の救済はどこにある？」）と書かれていた。大きく書かれたその文字の背後に、小さい文字で

写真1・2　ワシントンで売られていたＴシャツ

「おい、大統領、俺の救済はどこにある？」

「7000 億ドルをもらいにワシントンに行ったけど、手に入ったのは、
このよれたＴシャツだけだった」

「学費、クレジット・カード、奨学金ローン、健康保険、家賃、自動車支払い……」とたくさん書かれていた。もうひとつには、「七〇〇〇億ドルをもらいにワシントンに行ったけど、手に入ったのは、このよれたTシャツだけだった」と書いてある。七〇〇〇億ドルとは、金融機関救済のTARP（不良資産買取プログラム）資金を揶揄した表現である。店員に聞いたところ、どちらも非常によく売れているという。彼女は、「なぜ高額のボーナスをもらっていたウォール街の幹部を税金で助けなきゃいけないのよ」と憤慨していた。納税者としてはそういう感情になるのだろう。

二〇〇九年六月下旬に、バーナンキFRB議長は議会の公聴会に呼ばれた。彼がバンク・オブ・アメリカ（BOA）に対してメリル・リンチの買収をやめないように圧力をかけた疑惑について、一部の議員たちは激しい非難を彼に浴びせている。もしBOAがメリル・リンチを救済買収しなかったら、世界の金融市場の混乱は想像を絶する状態に陥っていただろう。それでも、一部の議員がバーナンキを吊るし上げているのは、背景に有権者のウォール街に対する根強い不信感が存在しているからだと思われる。

しかし、世論の怒りに政治家がおびえ、ポピュリズム的スタンスをとれば、金融危機対策は先送りされ、結局、多くの人々の生活の苦境がより深刻化してしまう。世界経済にとっての目先のリスクは、この民主主義上のジレンマだと思われる。

なお、今回の金融危機を契機にして、グローバリセージョンの是非を問う声も台頭している。トッドは、『デモクラシー以後』（石崎晴己訳、藤原書店、二〇〇九年）において、自由貿易というドグマが、多くの国で格差と購買力の低下（内需の縮小）を生んでいると指摘し、「一世代にわたる計画」という長期的視点で、協調的「保護主義」を導入するように主張している。盲目的なグローバリゼーションの進行は、「万人の万人に対する闘争」となり得る危険があることを提示している。

前掲のNHKのインタビューで、トッドは、「保護主義という言葉がタブーなのは私もよく知っている」と述べつつ、「従来の内需を中心とする経済では、企業は賃金の引き上げは利潤を生むことを知っていました。しかし、輸出においては、賃金は単なるコストとなり、競争原理のもと、コストに引き下げ圧力が加わり始めます。もし世界中の企業が、賃金は単なるコストに過ぎないと考え、抑制したら、世界規模で需要不足が起きるのは明らかです。私は、我々をこの制御不能な自由貿易という罠から抜け出させてくれる世界的な指導者が現れることを願っています」と語っていた。また、彼は『デモクラシー以後』の中で、ケインズは自由貿易が情勢によっては誤りになると一九三三年に書いていたと指摘している。

かつて見られた保護主義は世界貿易を縮小させ、第二次世界大戦につながる国際政治の緊張をもたらした。トッドの協調的「保護主義」という考え方が、旧来型の保護主義を好む人々に安易に利用されないように注意を払う必要はある。また、実際に政策に適用していく際の調整の困難さも問題だろう。しかし、自由貿易のメリットを生かしつつ、それに疲弊する人々を増加させない仕組みは何かあり得ないのか議論を行うべき局面だと思われる。米国の経済的覇権が弱まっていく中、世界経済の秩序の混乱を避けるために長期的な観点で次のシステムを模索していく必要があるだろう。

3　金融危機とFRBの歴史

――アメリカは大恐慌から何を学んだのか？――

須藤　功

バブルの形成と信用の不安定性

現下のアメリカ発世界金融危機はその救済が緊急の課題であるが、再発防止策の議論も活発化している。その際、過去の歴史的経験が参照されている事例も少なからずある。特に興味深いのは、保守系の代表的シンクタンク、ケイトー研究所の上級研究員で前ダラス連邦準備銀行副総裁ジェラルド・オドリスコルによる提言で、それはオバマ政権が来る資産バブルを回避するために、連邦準備制度に「商品本位制（commodity standard）」通貨の採用を迫るものである。商品本位制は、（金本位制のように）通貨供給の拡大には商品準備の確保を必要とすることから、中央銀行に新たな規律を与える。すなわち、連邦準備制度が過剰な金融緩和を行なうと商品の市場価格が高騰してシグナルを送るからで、バブルの成長を知らなかったとする最近の連銀高官らのような発言はなくなる。「もし連銀高官が価格シグナルを無視するならば、商品準備が流出してバブルに対処することを強要することになる。重要なことは、資産バブルを収縮させることではなく、まずもってバブルを回避することである。商品本位制の導入は、中央銀行が健全通貨と金融安定の維持に繰り返し失敗してきたことへの実際的な対応である」(1)。

実際、金融危機の直接的契機は急成長したサブプライム・ローン市場の破綻であったが、その背景には住宅や証券、また一次産品などへの過剰な投機があった。こうした過剰な投機は、確かに二〇〇〇―〇一年ITバブルの崩壊と二〇〇一年九・一一同時多発テロを契機に始まる信用供給の拡大政策によって誘発された面が強く、オドリスコルは、こうした信用の不安定性に対処できていない連邦準備制度の機能を問題視しているのである。しかし、いかに信用の不安定性を克服する手段の一つとはいえ、一九二九年大恐慌を契機に決別して久しい(こうした厳格な意味での)「金本位制」を想起させる、「商品本位制」なるものをなぜ持ち出すのであろうか。

信用の不安定性の問題は、一九世紀半ばの古典派経済学の時代から経済学者らの重要な課題であった。チャールズ・キンドルバーガーは、過剰な投機やバブルを引き起こす行動の合理性と不合理性を強調するとともに、かつての通貨主義と銀行主義との論争が一九三〇年代の大恐慌期にマネタリストとケインジアンとの論争に切り替わった頃から、実は信用の不安定性の問題は軽視される傾向が強まったと指摘する。

確かに、ブーム期には預金通貨は連続的に膨張し、また投機を含む取引拡大を賄うべくいっそう効率的に用いられたことから、連邦準備制度は信用供給を抑制しようとして加盟銀行に対する法定支払準備の適用範囲を、当初の要求払預金と定期預金からユーロカレンシー市場借入へと拡大してきた(2)。しかし、「マエストロ」と称されたアラン・グリーンスパン議長のもとですら、今回のような巨大なバブルを生み出し金融危機を誘発することとなった。アメリカは世界大恐慌から何を学んできたのか、信用供給の不安定性に光をあてながら大恐慌期の連邦準備制度を回顧してみたい。

金の足かせ

通貨主義と銀行主義の論争は、イギリスで一八二五年恐慌を契機に始まったが、通貨量の人為的統制が可能か否かをめぐる両派の対立は、アメリカに渡って連邦準備制度の成立にも影響を及ぼした。アメリカでは、一九世紀後半から農民や銀生産者らの政府紙幣（グリーンバックス）増発によるインフレ要求に、東部大都市の健全通貨主義者が対抗して、イギリスのような真正手形主義に基づく弾力的な通貨発行と中央銀行制度の創設を求めて運動を展開し、一九一三年には、連邦準備制度の成立をみた。真正手形主義者らは、商取引に基づく商業手形のみを自己清算的（満期で支払われる）と見なし、商業手形の銀行引受・割引機構こそが、実需に応じて銀行信用（通貨）を弾力的に供給し、また中央銀行による商業手形の再割引政策が最後の貸手機能を提供すべきと考えた。

しかし、最後の貸手として機能することを期待された連邦準備制度も、財務省も、大恐慌の勃発も世界恐慌への波及も回避できなかった。この点に関して、貨幣ストックを重視するマネタリストは、連邦準備制度が金融危機の重大さを理解できず、したがって適切な行動（通貨供給量の拡大政策）をとらなかったと非難してきた。連邦準備制度が名目金利の低下に目を奪われ、第二波の金融危機が始まり、イギリスの金本位離脱が目前に迫っていた一九三一年八月の公開市場委員会においてすら、三億ドルの買い操作による銀行準備金の供給を否決して一・二億ドルに減額しており、地区連銀総裁の多くは、事態の重大さ（六月中の地方銀行倒産数は一六六行）の認識を欠き、連邦準備局総裁ユージン・マイヤーはインフレさえ懸念していたと、ミルトン・フリードマンらはその責任を追及した。(3)フリードマンらは、当時カリスマ的指導者と評されたニューヨーク連銀総裁ベンジャミン・ストロングが一九二八年に亡くなった後、ニューヨーク連銀による金融緩和政策の要請が、連邦準備局との権力闘争から拒絶されたことなども重視する。(4)

しかし、連邦準備当局が直面したアポリアは、むしろ金本位制であった。連邦準備券の増発には担保となる金と適格手形が必要で、さらに連銀が買オペに利用できる自由金にも限界があり（一九三一年八月に七・五億ドルもあったのだが）、しかも買いオペは、最終的には市中銀行の連銀依存を低下させるだけでなく、自由金を枯渇させることに帰結し、「金本位制のルール」に違反すると見ていた。すなわち、金融緩和政策が必要とされるその時に、連邦準備制度も、財務省も、また各国の金融当局も、「金の足かせ」により、金準備枯渇を心配して緊縮的政策をとったのである。

金本位制とは、国際収支の調整メカニズムの一つであり、通貨価値の安定を優先して各国に国内物価の低落（デフレーション）の選択を強制する。つまりこの制度は、経済を自己修正させるメカニズムに外ならず、経済が不況になれば輸入が減る。そこで、金が流入してやがて通貨膨張が起こる。このプロセスにおいて中央銀行は、速やかな金流入を手助けするため金利を引き上げさえすればよい。したがって、金本位制は、金準備を蓄積した国には、金利の低下と物価上昇をもたらしたに過ぎないが、金準備を流出した国には、通貨価値の下落ではなく、財政と金融の引き締めによる物価引下げ（デフレ）を強制することとなり、結局、大不況を世界中に蔓延させたのである。

一九三一年九月、イギリスは金本位制を放棄し、続いて金本位を離脱した諸国とともに大幅な通貨価値の引き下げを行なった。旧来、こうした為替切り下げ競争は、貿易相手国の経済に打撃を与える近隣窮乏化政策を意味し、世界大恐慌の一因と理解されてきた。かつてキンドルバーガーは、金本位離脱に直面したイギリスの国際収支悪化を支援することなく、また一九三三年ロンドン通貨経済会議では、国際通貨安定協議を突如として打ち切り、その能力がありながら「国際的な最後の貸手」として機能することを拒絶した、当時のアメリカの政策を非難した。[5] だがバリー・アイケングリーンらによれば、実は為替切り下げは通貨供給の増加をもたらし、経済復興の契機となるはずであったのである。とはいえ、実際の為替切り下げは散発的で、しかも非協調的であったため、十分な効果を発揮できなかった。[6] その後、この時期の世界経済の理解として、国際通貨の不安定が経済的カオスに繋がったというよりは、実際は経済的不安定が為替レートの変動を引き起こしていたとみなされるようになり、国内経済の復興を優先したローズヴェルトの決断が再評価されることになった。

一〇〇％準備——リベラルな保守主義政策

金融政策の失敗が金融危機を増幅し、貨幣ストックの低下を通じて実体経済を縮小させ、あるいは金の足かせが外されたイギリスや日本などの拡張的金融政策が経済回復に貢献するなかで、ともかくも、財政政策の後景に退いていた金融政策は復権を果すことになる。しかし、大恐慌期以降の金融政策において、実は信用供給の不安定性、銀行制度の脆弱性、不良債権の増加による信用制度の麻痺が生産と物価に与える悪影響が十分に認識されてきたとはいいがたい。実際、生産の大幅減少は株価大暴落の前に発生しており、過剰な株式投機を誘発したブローカーズ・ローンの増大（一九二八年末六四億ドル→一九二九年一〇月八五億ドル）は、すでに資金をその分だけ消費や生産から消失させていたことになる。(7)

こうした状況下で信用の不安定性を決定的に重視したのは、初期のシカゴ学派であった。その代表的人物の一人、ヘンリー・サイモンズは、大恐慌の原因としての企業心理の変化に注目し、この変化が不安定な信用制度を通じて流動性をさらに大きく変化させ、通貨流通量に影響を及ぼしたと見た。そこでサイモンズは、信用の不安定性を解決する手段として、極めてラディカルな改革構想、すなわち「一〇〇％準備案」と呼ばれる金融制度改革を提起した。この改革案は、その実施をローズヴェルト政権に強く迫ったのがシカゴ大学の経済学者らであったことから、しばしば「シカゴ・プラン」とも呼ばれるが、これは、商業銀行の信用供給の基礎をなす部分準備制度に起因する過度の信用膨張を阻止するため、別言すれば「銀行融資による証券や不動産の騰貴を回避(8)」するため、銀行の法定預金準備率を一〇〇％に引き上げることで銀行を貸付会社に機能転化させる構想である。フランク・ナイトが代表署名したこの改革草案は、農務長官ヘンリー・ウォーレスの仲介でローズヴェルトの注目するところとなり、農務省では、ウォーレスの経済顧問ガーディナー・ミーンズによって、連邦準備制度では、同理事会議長マリナー・エクルズの顧問ラクリン・カリーらによって本格的に検討された(9)。

サイモンズの改革構想の全体像はさらに過激で、私的独占の完全な排除、全国債の政府紙幣への転換とその連邦政府による一元的管理、不平等是正のための税制の個人所得税への全面的移行と累進課税の強化などを提起していた。自由企業体制の適切な機能を確保し、国家の制度的枠組みの革命的な変革を回避するためという点で、目的において保守的だが手段としてはラディカルな、いわゆる「リベラルな保守主義政策 liberal conservative policy」を主張したのである(10)。だが、その後、シカゴ学派を継承したとされる新自由主義者、なかでもフリードマンは、サイモンズの諸提案を「実行不可能」としてきっぱりと排斥した。さらに、フリードリッヒ・ハイエクは、政府が悪貨の流通を強制できない限りは、「良貨が悪貨を駆逐する」として、通貨と銀行規制の完全撤廃と積極的な金融政策の破棄を主張した(11)。しかしながら、彼らの言うように貨幣ストックの増加率を一定にするだけで、あるいは公定歩合政策や公開市場操作などの中央銀行政策によるだけで、信用の不安定性が抑止され、投機が鈍化され、危険な拡大を抑えられるのか。キンドルバーガーによれば「先験的に答えるすべはない」。

誰が金融政策の責任者か

一九三三年と一九三五年の銀行制度改革で、アメリカは金融構造の脆弱性を大幅に改革した。当座預金に対する付利禁止などの預金金利規制や証券業務と預金銀行業務の分離によって、証券ブローカーに対する信用供給、すなわち金融市場の投機性を抑制しようとした。さらに、銀行取付けによる連鎖的な銀行倒産の防止を目的に連邦預金保険制度が導入され、また連邦準備局は連邦準備制度理事会に改組され、各連邦準備銀行の総裁・副総裁の任命、公定歩合や公開市場操作などにおける理事会の権限が強化された。

ところが、これらの改革で財務省とともに、通貨・信用管理の主たる責任者と位置づけられた理事会は、その責任を果たすには全銀行の検査・監督権限が不可欠であるとして、銀行制度の見直しを議会に要請した。そして一九三七年のリセッション以降、積極財政論者と目されてきたエクルズ議長も、金融政策の重点を経済復興から反インフレーションへと移すとともに、財務省の管轄であった金管理も含めて、銀行規制・監督権限を連邦準備制度に統合するよう主張したのである。

しかし、財務省や各州政府銀行当局は、それらの権限を決して手放そうとはせず、連邦準備制度との間で激しい対立を引き起こすことになった。その決着は、第二次世界大戦後に連邦準備政策の独立性をめぐる財務省との論争へと持ち越され、一九五一年三月、財務省との激しい抗争の末、ようやく戦時期以来の国債価格支持政策から連邦準備制度が解放されることの合意（「アコード」）が成立したのである。[12]

こうして連邦準備制度は、通貨や価格の安定性の維持といった問題に改めて直面することになり、そして「アコード」の成立は連邦準備制度のインフレーションやバブルとの闘いの始まりとなった。連邦準備制度は、最後の貸手機能を行使することで数多くの金融危機に対処してきたわけだが、今日、まさにその最後の貸手機能が過大に評価されているのではないかとして、その見直しも叫ばれているのである。

クリントン政権で経済諮問委員会メンバーや連邦準備制度理事会副議長を務めたアラン・ブラインダー（プリンストン大学）によれば、[13] グリーンスパンおよびバーナンキのバブル対策は「事後処理戦略」と呼ぶべきものであって、そもそも計画的なバブルの破壊は難しいため、「連邦準備制度はバブルが自ら破裂するように仕向け、その後始末」をするしかない。しかし、ＩＴバブルの後始末の過程での超低金利政策が住宅バブルを生み出したように、バブルの後始末が新たなバブルの種を蒔くことになり、「今や連邦準備制度が一連のバブル発生の責任者であると非難されている」のである。一般的な資産バブルの場合、中央銀行はしばしばその認知に遅れ、あるいはたとえそれに気づいたにしても僅か数パーセントの金利引き上げなどでは二桁の利益を夢見る投資家の欲望を抑えることはできない。しかし、資産バブルの事後処理などを契機とする、いわゆる「銀行主導型バブル」の場合には、中央銀行にも対応の余地がある。だがそれも、金利引き上げといった金融政策ではなく、「銀行監督」の権限を行使して、サブプライム・ローンのような「危険で不健全な貸出」を規制する以外にないとブラインダーは結論する。だが、そうは言っても大恐慌期以来、アメリカ通貨・金融政策当局者らが信用の不安定性問題の解決を戦後へと先送りしてきた経緯を回顧すれば、このような金融規制による解決も如何に困難であるか推測できるであろう。

注

(1) Gerald P. O'Driscoll, Jr., "To Prevent Bubbles, Restrained the Fed," Wall Street Journal, Asia, Nov. 18, 2008, p. 16.

(2) C・P・キンドルバーガー、吉野俊彦・八木甫訳『熱狂、恐慌、崩壊——金融恐慌の歴史』日本経済新聞社、二〇〇四年、七四—七五、九七頁。

(3) Milton Freedman and Anna J. Schwartz, A Monetary History of the United States, 1867-1960, Princeton: Princeton University Press, 1963, pp. 379-380; Allan H. Meltzer, A History of the Federal Reserve, Vol. 1: 1913-1951, Chicago & London: University of Chicago, 2003, p.339.

(4) ピーター・テミン（猪木武徳ほか訳『大恐慌の教訓』東京経済新報社、一九九四年、五三頁）によれば、ストロングといえども金の足かせを嵌められ、金本位制の維持がもたらす危険性を理解できていなかった。

(5) C・P・キンドルバーガー、木村一朗訳『大不況下の世界——一九二九—一九三九』東京大学出版会、一九八二年。

(6) Barry Eichengreen, Golden Fetters: The Gold Standard and the Great Depression, 1919-1939, New York & London: Oxford University Press, 1992.

(7) 以下、キンドルバーガー、前掲書、九七—一〇四頁を参照。

(8) Henry C. Simons, Economic Policy for a Free Society, Chicago: University of Chicago Press, 1948, p. 233.

(9) 詳細は、須藤功『戦後アメリカ通貨金融政策の形成——ニューディールから「アコード」へ』名古屋大学出版会、二〇〇八年、第二章を参照。

(10) Simons, op.cit., pp. 56-57.

(11) F. A. Hayek, "Choice in Currency," in Good Money, Part II, ed. Stephen Kresge, Collected Works of Friedrich August Hayek, Vol. 6, London: Routledge, 1999, p. 122.

(12) 須藤功、前掲書、第七章を参照。

(13) Alan S. Blinder, "Two Bubbles, Two Paths," New York Times, June 15, 2008, p. B6.

4 金融危機とドル信認問題
——ドル一極支配の行方——

倉都康行

ドルは米国の問題だ

一九七一年、当時の米国財務長官であったジョン・コナリーは、ドルの不安定さを憂慮する欧州諸国に対して、「ドルは我々の通貨であるが貴方の問題だ」と言い放ち、ドルの変動は米国の問題ではないと突き放した。そして一九七三年に主要国は狼狽しながら固定相場を放棄してやむをえず変動相場制へと移行、以来世界経済と国際金融は、揺れ動く基軸通貨の上で幾度と無く危機を経ながらも、何とか成長を維持してきたのである。

だが、二〇〇七年に始まったサブプライム問題から二〇〇八年の金融機関における流動性の枯渇、そして世界的な景気後退へと連なる危機は、「一〇〇年に一度」と言われるような激震で国際経済と国際金融のシステムを揺さぶっている。現象面としては、証券化商品やCDS（クレジット・デフォルト・スワップ）と言われるような新技術が市場の混乱を招いたように見えるが、実務的に見れば、それらは混乱を増幅した媒介に過ぎない。

危機の本質は、ドルを基軸通貨とする金融システムを利用した米国が「借金成長モデルへの過信」や「世界的不均衡の放置」などを通じて引き起こした構造問題に帰着する。つまり、今回の問題が収束するには米国経済が構造転換する必要があるということだ。オバマ新大統領は、就任のその日から待ったなしの経済政策に取り組まねばならなくなった。

その過程において米国は、すでにイラク戦争や社会保障費の増大で積みあがった財政赤字に加え、金融安定化や景気対策などの要請からさらに巨額の財政支出を強いられることになった。これは海外からの資本調達に依拠する同国にかなり厳しい現実を突きつけている。

海外勢の米国債への姿勢も変わる筈だ。米国への資本還流を支えてきた格付けも怪しくなる。リスクにより敏感になった民間投資家からは売却しようとする動きも出てくるだろう。それは米国債売りであると同時にドル売りにも連なる。

つまり、米国にとってのドルは「自国の通貨でありまた自らの問題でもある」という存在になる。その意味で、現在世界が直面している金融危機と景気後退は、戦後の経済構造のインフラであったドルに対する信認問題と表裏一体であると考えても良いだろう。

「為替レート＝通貨への信認」ではない

フランスのサルコジ大統領は、一一月一五日に開催されたG20金融サミット直前に「ドルはもはや唯一の基軸通貨ではない」と述べて米国に揺さぶりをかけた。英国のブラウン首相も「新ブレトン・ウッズ体制」といった言葉をちらつかせて、米国に奪われた金融覇権への思いを募らせる。麻生首相は「ドルの基軸制を守る」と述べたが、中国はドルへの不信感を隠さない。ロシアのメドベージェフ大統領もドルの一極体制への批判を強めている。新興国のあいだでは、ロシア・中国、或いはブラジル・アルゼンチンなど、ドル以外での交易決済への交渉を開始しているのが現状だ。

為替市場において、ドルが不安定な動きを示しているのもドルの基軸通貨性に対する不安を示していると言われる。確かに為替レートは通貨の信認を表徴することもが多いが、短期的な為替レートの変動で通貨構造のすべてが説明できるとは限らない。現代の為替市場においては、金利差を求めるキャリー・トレードと呼ばれる取引が相場変動の大きな要因になっているからである。これはしばしば、ミス・リーディングな相場を形成することがある。

二〇〇八年の一〇月、いきなり円高の嵐が吹いて年末年始にはドル円レートは一時八〇円台まで下落した。これはドル安というよりも円の買い戻しという色彩が強く、ユーロに対しても一一二円台という強烈な水準に達したのである。

この急激な円高を引き起こしたのは、「日本円への信認」ではなく、それまで世界中に大量に積みあがっていた「円売り・高金利通貨買い」のキャリー・トレードの巻き戻しである。ほぼゼロ金利の円を借りて高金利の通貨を買えば、利鞘が確保される。為替レートが円高へと急変すれば巨額の損失になるが、円安歓迎の日本政府は「日本円が売られても介入する筈が無い」と読む海外勢は、この取引を「安全パイ」と見做していたのである。

そのシナリオが狂ったのは、九月のリーマン・ショックを契機とした市場混乱による金融資産価格の大幅な下落である。株価や債券だけでなく原油などの商品市場も急落し、損失が増大したヘッジ・ファンドなどは取引の縮小を強いられて、この為替市場でのキャリー・ポジションをも整理せざるを得なくなったのである。

つまり、ここ数年は円が実力以上に売られていたのであって、現在の円高はそれが修正されているに過ぎない。いわば為替レート正常化の過程である。同様に、ドルもその信認が疑問視されながらも上昇する局面がある。それは国際金融におけるもう一つの主役であるユーロもまた、脆弱さを抱えているからだ。

一九四四年のブレトン・ウッズ体制以来、「ドル暴落論」は幾度と無く浮上しては消えた。確かにまだドルの威力は衰えてはいない。アイスランドやウクライナ、ハンガリーなどがＩＭＦ支援を求める際にも、貸出されるのはユーロではなくドルである。

そこには、金融危機で露呈したユーロの弱さが影響している。従来、ドルに対してユーロの強みは、ドイツ連銀のＤＮＡを受け継ぐインフレ抑制への強い意志や、各国に財政赤字をＧＤＰ比三・〇％以内に抑えるように求める財政規律などを背景にしている、と見られていた。だが、景気後退を前にして欧州諸国は財政出動が必須となり、財政規律は事実上、棚上げされてしまった。

さらに、これまでユーロと一線を画していたデンマークやスウェーデンが、金融危機を契機としてユーロへの参加を表明、東欧諸国もユーロ圏をシェルター（避難場所）として利用しようとしており、地理的に拡大するユーロは逆に弱い国々を取り込むことで価値が弱体化するリスクをも胚胎し始めた。

こうした事情から、やや品の無い言い方ではあるが「ドルは腐ってもドル」という認識も強まっている。それが、「ドルが暴落しては困る」という日本や中国など対米債権国の強い思いにも支えられて、ドルは世界の通貨として君臨し続けているのだ。

世界経済のインフラとしてのドル

ドルへの信認が為替レートに正確に反映されないように、ドルのインフラとしての意義もまた為替レートだけを見ていては解らない。戦後、世界中に網の目のように張り巡らされた「ドル血管」は、恐らく人々が想像するよりも強力であり、ここ数年間にそれが簡単に破壊されるようなことにはならないだろう。

世銀やＩＭＦだけでなく、アジア開銀、アフリカ開銀、米州開銀などへの米国のコミットメント、及び大手米銀の商業的ネットワークなどは、軍事で言えば世界中に派遣された米軍の艦隊を思わせるものがある。原油市場も金市場も穀物市場もドル建て社会であり、世界の人々はドル抜きで生活を語れない。

反米姿勢を強める国々も、ドルの関与無しには生きられない。イランも北朝鮮もベネズエラも、そしてロシアもドル無しに生きていくことは難しい。それだけに、反米を掲げる諸国は交易決済や準備通貨において、ユーロなどの他通貨へのシフトを試みているのである。中東諸国も、いずれは欧州のように共通通貨を導入したいとの思いを抱いている。だが、現実に「準備通貨」として機能しているのはドルなのである。

アジア地域はさらに「ドル圏」意識が強い。東南アジア諸国は独自通貨を持ちながら、基本的にはドルに大きく依存した経済社会になっている。香港やシンガポールが国際金融センターとして欧米市場との結びつきが強いのは、東京市場と違ってドル圏であるからだ。そして中国における外貨準備の急激な積み上がりと米国債投資の急増は、まるでドル圏に吸い寄せられようとしている現象のようにも見える。

ＩＭＦが公表した世界の外貨準備の通貨別構成を見ると、ドルの比率は一九九九年の七一・二％から二〇〇八年には六三・〇％にまで低下、一方でユーロは一八・一％から二六・八％にまで上昇している。これを断定的に解釈するのは難しい。ドルのシェアが八％も下がったとも言えるし、ドルのシェアはまだ六割以上もある、とも言える。

ただ、今後一貫して外貨準備におけるドルの比率が減少し、ドルとユーロのシェアの差が縮小するのは不可避だろう。ドルの強さと弱さの印象が入り混じる中で今後もこのトレンドは継続し、国際金融における「二大通貨」のイメージが徐々に定着していくことになるだろう。

鍵を握る中国の動き

その動きを加速したり修正したりすることがあるとすれば、その主役は中国だろう。中国は米国との経済関係を深めながらも、その引力圏に完全に引き込まれぬように意識しているところがある。

二〇〇八年四月に公表された米財務省の資料に拠れば、二〇〇七年六月時点で米国の株式や社債を除く長期資本調達残高の海外シェアは三四・一%であり、市場性のある国債だけに絞れば五六・九%になっている。国別で見れば、証券全体で一兆一九七〇億ドルを保有する日本が最大の「米国証券保有国」であり、中国、英国、ケイマン諸島、ルクセンブルグ、カナダと続く。

但し、海外諸国の保有額が急増し始めたのは二一世紀に入ってからのことだ。ここ数年の数字の推移で見れば、増加分の大半は中国による購入なのである。日本の米国債保有高は二〇〇四年以来殆ど変化がないが、中国はほぼ三倍になっている。

これは、中国にとってはやや無防備に外貨準備の運用を米国債で積上げてしまった結果でもあるが、逆に米国にとっては海外からいとも簡単に借金出来る仕組みが出来上がったということでもある。世界の不均衡構造はこうして出来上がったのだ。このシステムは当面、持続可能だと見る向きもあるが、中国は恐らくそう思っていない。中国が「SDRを基軸通貨に」との主張を始めたのはまさにドルへの不信の表明にほかならない。

二〇〇七年に中国は外貨準備の運用多様化策としてCIC（中国有限責任投資公司）を設立し、米国債だけでなく、幅広く運用先の裾野を拡大する戦略に出た。これは、外貨準備の運用が国内金利上昇と米国金利下落によって逆鞘になることを懸念したためである。

実際には、運用積極化のタイミングがサブプライム問題の発生と同期してしまったため、その投資は最初から躓いてしまった。中国には現在、ブラックストーンなどへの投資の含み損が生じており、新たな投資にはブレーキが掛かっているが、IMFへの出資をSDR建て債権の形で購入することを発表するなど、米国債からの多様化は、徐々に進行している。

中国が米国債を買い増す戦略に戻る可能性は乏しいだろう。彼らもすでに米国債にもクレジット・リスクが存在することを感じ取っているからだ。それは、米国のCDS（クレジット・デフォルト・スワップ）の市場価格が上昇している（つまり、信用力が低下している）ことを見れば容易に想像できる。

ドル信認を揺がす財政赤字とFRBへの信認

この市場は、対象となる資産がデフォルトするリスクに対して保険を掛けるものである。米国を対象とするCDSとは「米国債がデフォルトした時にその元本を保証して下さい」という取引である。二〇〇七年まではごく散発的であったこの取引は、二〇〇八年七月あたりから恒常的に取引されるようになり、そのリスク・プレミアムも日本国債とほぼ同水準にまで上昇している。

この背景には、今回の金融危機の本質的原因となった米国の借金構造が大きく横たわっている。借りることに何の抵抗も無く、無防備に海外からの借金を積み重ねてきたその債務構造の脆弱性が問われている、ということである。

そして、金融危機を修復するための金融機関救済コストと、金融危機が直撃した実体経済への配慮としての財政政策が、ともに更なる財政赤字の拡大を呼ぶ。つまり市場は、米国の海外資本への依存度が一層高まるのではないか、という不安を募らせているのである。

国債というのは国の借金であるが、日本国債のように九六％程度が日本国内で消化されるものと、米国債のように五〇％以上を海外資本に依存するものとでは、その存在が市場に与える意味は大きく異なる。それが、通貨信認の問題に直結することは言うまでもない。

中国もいずれは徐々に米国債の保有を減らす策を検討し始めるだろう。それを察知する国々や投資家は、競って中国より先に米国債を売ろうとするかもしれない。それはドル安を加速する可能性もある。

また、ドルについては米国の中銀に相当するＦＲＢ（連邦準備制度）への信頼感も大きな材料だ。ＦＲＢのバランスシートは、サブプライム問題への対応を契機に大きく変質している。二〇〇七年末のＦＲＢ資産のうち約九〇％を占めていた米国債が、現在では五〇％近くにまで低下しているからである。

これは、金融システム救済の為に証券化商品を担保にした貸付が増えた為であり、担保はＡＡＡといった高格付け商品に限定されているが、民間債務と米国債では全く信用力が異なる。金融不安が長期化すれば、担保の格下げなどによるバランスシートの質低下という要因は追加的なドル警戒材料になるだろう。

また、FRBの積極的な流動性供給によって準備預金も急増しており、これが将来的にインフレをもたらすとの懸念がドル安を連想させる可能性もあろう。

資本市場はすでにドル・ユーロ並存へ

為替市場、外貨準備といった土俵で、ある程度ドルの強さ・弱さを観測することは出来るが、国際資本市場においても同じようにそのドルの選好度を計ることが出来る。意外なことに、この市場ではすでにユーロがドルを凌駕しているのである。

BIS（国際決済銀行）の統計に拠れば、国際資本市場における短期証券や中長期債券の発行残高ではすでにユーロ建てがドル建てを凌駕しており、また金利スワップ市場でもユーロ建てが首位を保っている。これは数年前からの現象だ。米国居住者でもなく、ユーロ圏居住者でもない第三者が、資本調達にユーロを利用するケースが増加している、ということである。

これは従来ドルが一手に引き受けてきた資本取引を、ユーロも補完的に果たし始め、さらにドルを上回るほどの利用性が増えてきたことを意味する。市場は、ドルとユーロの並存を望んでいるのだと言っても良いだろう。それは、金と銀との併用、ポンドとドルとの併用といった歴史上の金融システムから見ても、決して不自然な選択ではない。

そもそも論として「基軸通貨とは何か」という問いがある。教科書的には、貿易決済に用いられ、外貨準備として保有され、各国通貨の基準になる通貨、ということになるが、なぜ基軸通貨という概念が必要なのかはあまり説明されることが無い。やや強引に言えば、それは米国にとって都合のよい仕組みであるから、つまり対外債務の返済を自国紙幣の印刷で賄えるという特権があるからこそ、米国は基軸通貨性の必要性を敢えて論じる必要性がないのである。

基軸通貨とは「制度」ではなく「慣習」である。それは一九世紀大英帝国の政治経済的な覇権拡大に伴う金融の一現象であり、それを米国が圧倒的経済力を利用して奪取したに過ぎない。従って新興国経済の拡大や国際政治の多様化に伴い、基軸通貨という意味が問われ始める可能性もある。

例えば、中国とロシアが協議を始めたように、米国以外の国々が貿易決済をその他通貨で行うようになれば、貿易通貨におけるドルのシェアは低下し、それにあわせて国々は準備通貨の構成も変えるだろう。そうなれば、何が何でもドル、というシステムは風化していく。多角化する世界経済が通貨の多角化を求めるのは自然の流れである。基軸通貨という概念は、徐々に薄れていくのではないか。資本市場における二極化は、それを先取りしているようにも見える。

G20で議論が始まった金融制度改革も、根底には「ポスト・ドル一極時代」を見据えた意識がある。だがその行く先が、さらに混沌とした多通貨時代なのか、或いはSDRのような世界共通通貨への道なのか、それはまだ誰の眼にも見えていないのではないか。

II

金融資本主義の崩壊

——経済を支えるのは信用である

5

金融資本主義の崩壊と経済構造の転換

――エネルギーと食糧の重要性――

榊原英資

危機の原因としての金融肥大化

——アメリカに端を発した金融危機の影響が世界中に広がりつつあります。ところが事態の深刻さに比べて、日本では実際の危機感は希薄である印象も受けます。そもそも、今、一体何が起きており、この事態は何を意味するとお考えでしょうか?

前FRB(連邦準備制度理事会)議長のアラン・グリーンスパンも、「百年に一度の危機」などと言っていますが、いま世界で起きているのは、おそらく一九三〇年代の大恐慌に匹敵する、巨大な金融危機であり、世界同時不況です。ただ、一九三〇年代と異なる点もある。それは、各国に中央銀行が存在することで、しかも各中央銀行間にある程度の協調関係があることです。

一九三〇年代においては、保護主義と通貨切り下げ競争で、各国が対立したが、今回は、こうした協調関係によって、「金融システム全体の底が抜ける」ような事態だけは、今のところ避けられている。逆に言えば、現在のような中央銀行システムがなければ、すでに、さらに深刻な事態になっていたはずです。

ではなぜこのような金融危機が起きたのか。その原因として何よりも、一九九〇年代以降の金融の拡大、その異常とも言えるほどの肥大化を指摘しなければならないでしょう。

とりわけアメリカでは、一九九〇年代以降、グリーンスパンやロバート・ルービン（元財務長官、シティグループの経営執行委員会会長）などといった金融専門家が脚光を浴び、投資銀行[1]、ヘッジファンド[2]、プライベートエクイティファンド[3]などといった巨大な金融機関が活躍し、これらの金融機関が、例えばサブプライム・ローンでも問題になった証券化を盛んに行なうようになったのです。

証券化とは、本来バランスシートにあるはずのキャッシュフローを、バランスシートから切り離し、これを元に証券を発行して資金調達を行なうことです。貸出債権、売掛債権、リース債権、住宅ローン、自動車ローンなどが証券化の対象となる。要するに、証券化とは、本来、中央銀行だけが行なうとされる信用創造を、こうした金融機関そのものが行なうことを意味する。そしてこの種の信用創造が歯止めなく行なわれてきたためにバブルが生じたわけです。

――それは、一九九〇年代から行なわれてきたわけですね。

そうです。一九九〇年代に入り、金融工学の手法が一般的に用いられるようになり、また当局も規制緩和により、こうした手法を認めるようになった。

規制緩和の先駆けは、イギリスのいわゆる「金融ビッグバン」（一九八六年にロンドン証券取引所で行われた証券制度改革）で、アメリカでも一九九〇年代に入り実施される。そしてこれ以降、規制緩和と金融工学の組み合わせによって、金融が急速に、異常に肥大化していったわけです。

元来、商業銀行は、厳しい規制下にあり、ある限度以上は、貸出や債権を増やすことはできない。

例えば、国際的に活動する銀行には、八％以上の自己資本比率といったＢＩＳ規制があった。ところが投資銀行やヘッジファンドには、こうした規制は適用されない。そのため資本が非常に小さくとも、借入を増やすことで資産を買い、さらに購入した資産を売る、といったことを繰り返しながら、金融業務をどんどん拡大することができたわけです。

そして、金融の肥大化は、資金の急増に行き着く。こうして生まれた莫大な資金が資産市場に流れ込んだからこそ、世界同時に、株高、不動産バブルが生じ、さらに資金が原材料・エネルギー市場にも流れ込み、食糧・エネルギー価格の高騰をも引き起こしたのです。

その後起きたのは、これとちょうど逆のプロセスです。まさに膨らみに膨らんだ金融バブルが、ついに崩壊をして、その逆転現象が起きた。アメリカの住宅価格崩壊が引き金になり、不動産バブルが弾け、これが連鎖的に広がり、世界的な金融縮小が起きた。さらには実物経済にも影響が出始めているのです。

危機はどこにまで及ぶか？

日本ではまだ危機感が十分に抱かれていないようですが、日本でも、すでに社債市場などは機能不全を起している。証券化商品が機能しなくなるのは当然ですが、それだけでなく、いわゆるオープンマーケットにおいても、企業や銀行の資金調達が困難になっている。

株価も不動産価格も下がり、世界的に資産価格が下落する。そのことによって所得も減り、世界同時不況となる。そしてこうした状況下で、金融機関は、さらにリスクに対して敏感になり、リスクを極力減らそうと、貸し渋りが起きてくる。日本でも、中堅中小企業の資金繰り倒産がすでに増えています。

一九九〇年以降、規制緩和と金融工学によって金融を膨張させ、資産市場を拡大することで、経済成長を遂げてきたわけですが、いよいよこれも限界に達したわけです。これは「金融資本主義の崩壊」と言ってよい。そして、いま我々が直面しているもう一つの問題は、長中期的には資源もエネルギーも食糧も不足してくるだろう、ということです。つまり、一九七〇年代にローマクラブが問題にしたような、成長の限界という事態です。それほどの全面的な時代の転換、パラダイムシフトに、いま世界は直面している。

ところがおっしゃる通り、日本ではあまり危機感がない。なぜかといえば、銀行が倒れるような事態にはなっていないからです。欧米では、金融機関が軒並みおかしくなり、アメリカでもEUでも公的資金で金融機関を救済する事態に至っているのに対し、日本では――おそらく先進国の中では唯一――、金融市場がそこそこ正常に機能し、当面つぶれそうな銀行もない。それは一つには、欧米の金融機関に比べ、多くの日本の金融機関が、投資銀行的な業務にはほとんど手をつけず、伝統的な、商業銀行的業務を中心にしてきたからです。そのかぎりでは、今回の危機の直撃は受けていない。

しかし、実は、間接的な影響は受けつつあり、そうした影響はこれからかなり広がってくるはずです。株価についてはすでに下落していますが、乱高下しながらも、長い目で見て、これからさらに下がっていくはずです。不動産価格も下がっている。しかも、日本経済は既に不況の局面に入っている。

――製造業、とくに輸出関連企業などは大きな打撃を受けていますね。

世界が不況に陥れば、当然、日本経済も大きな打撃を受ける。例えば、二〇〇二年から二〇〇八年の日本経済の回復も、輸出主導の景気拡大によるものでした。そうした日本経済のエンジンとも言うべき輸出産業が不調になれば、日本経済全体が大きな影響を被る。つまり国外に由来する不況であっても、日本経済も、いずれ巻き込まれる。あるいはすでに加速度的に巻き込まれつつある、と言った方がよいかもしれない。

――では、今後、どういった事態が考えられますか?

まず資産市場について言えば、世界的に見ても不動産市場や株式市場は、まだ下がり切っていない。「今は買い場」などと言っている人も見受けられますが、これは間違いです。要するに、この下落は、循環的なものではなく、構造的なものだからです。景気が循環的に良くなったり悪くなったりするのであれば、株価がこれだけ下がれば買いとなる。ところが、今回の暴落は、金融システムの構造的な崩壊です。ですから資産市場は、今後さらに下落するはずです。

実物経済においても事態はかなり深刻です。日本は、すでに十数年ぶりの不況の局面に入っており、二〇〇九年は、マイナス成長になる可能性が極めて高い。要するに、世界大不況です。金融システムの底が抜けるという事態には至っていないので、「大恐慌」とは言わないまでも。

現在、失業率が六・五％のアメリカでも、来年には二桁になる可能性が極めて高い。一九三〇年代の大恐慌の際には、失業率は三〇％にも跳ね上がった。楽観的な見方でも、八％にはなると予測されている。いずれにせよ、二桁の失業率というだけで、相当に深刻な事態です。すでに多くの企業が倒産や大幅な人員整理に追い込まれている。日本でも同じような事態となるのは必至でしょう。

いかなる転換が必要か？

——何か打つ手はないのでしょうか？

適切な財政政策や金融協調で、最悪の事態を避けることはできると思いますが、この流れ自体を逆転することはできない。

——アメリカについて言えば、オバマが新しい大統領になっても？

だめだと思います。というのも、いま我々に突きつけられているのは、市場を過剰に信頼する市場原理主義が、もはや通用しないということ、さらに言えば、これまでのような経済成長はもはや不可能だ、ということだからです。

実際、金融機関の救済に乗り出すことで、すでに公的セクターがこの中に入り込んでいる。今後、ここから市場と政府の役割分担が改めて議論されるようになるはずです。要するに、今回の事態で、「何でも民営化さえすればよい」という発想は、その限界を露呈し、また、企業レベルでも、また、個人レベルでも投資に次ぐ投資を煽り、金融バブルを支えてきた一種の拝金主義、これもその限界を露呈したわけです。長い目で見れば、これらの点では、経済や社会が健全な方向に向かっている、と言える。つまり、これまでの過剰に肥大化した金融資本主義が、自己修正を図り、健全化に向かっているというわけです。

とはいえ、こうした転換はかなりの痛みを伴うはずです。極端な場合には、国家破綻などもあり得る。とりわけアイスランド、ハンガリーなど、金融に過剰に依存してきた小国は、今回の危機の直撃によって、国家破綻と言えるほどの深刻な事態に陥っている。

また、直撃とは言えなくとも、株価や不動産価格が大幅に下落することによって被害を被る人々は広範囲に広がるはずです。日本の中産階級も、かなりの部分が金融資産を所有していますから、彼らに及ぶ影響も相当大きいはずです。

――時代の流れを逆転することは不可能だとすれば、これを前提として、我々にはどんなことが求められているのでしょうか?

国も、企業も、個人も、最も本質的なものに注意と関心を集中させなければならない、ということだと思います。

例えば、日本にとって本質的なものとは何かと言えば、エネルギーと食糧です。いずれも日本の生存にとって死活問題で、今後、国家政策として、エネルギー政策と食糧政策こそ最重要課題となるはずです。

そこから、例えば現在、四〇%にすぎない食糧自給率をいかに引き上げるか、そのために一次産業をいかに振興するか、という課題が出てくる。またエネルギーについて言えば、現在の生活水準を前提にすれば、詰まるところ、原子力発電に頼る以外にない。だからこそ、その安全性もきちんと確保されなければならない。「原発を東京につくれ」と私はよく言っています。東京に建てても、誰もが安心できるくらいの安全性をもった原発をつくれ、ということです。実際、電力の大部分を東京の人々が使っているわけですから。そのくらいの覚悟を持って取り組まなければならない。

もちろん、風力発電や太陽光発電も、その普及を可能なかぎり後押しすべきです。いずれも、日本の技術水準は世界有数で、補助金をいくらか出せば、実用可能な水準に達している。規模において原発を代替するものにはなり得ませんが、それでも化石燃料の一部を代替することは可能でしょう。

それと共に、企業も、エネルギーや食糧に関心を向けるようになるはずです。これから企業にとって重要となるのは、「川上」に行くことです。川上、つまり原材料やエネルギーをいかに確保するか、あるいは、これらをいかに効率的に調達し、効率的に使用するか。というのも、原材料やエネルギーを確保できなければ、いくら技術があっても、モノなどつくれない。新日鉄なども、今後、いかに鉄鉱石を確保するか、というように、視点を転換し始めています。そうなると、当然、企業買収なども視野に入れる必要が出てくる。例えば、ブラジルやオーストラリアに投資し、鉱山を確保したり、共同経営をしたり、あるいは、資源メジャーを買収するといったことなどです。

これまで企業は、「川下」ばかりを重視してきました。エネルギーも原材料も、安く大量に調達できたからで、むしろ、そのように調達した原材料を高い技術力でいかに加工し、輸出するか、ということが重要だった。しかし、いよいよそれもできなくなりつつある。そういったパラダイムシフトがいま起こっているのであり、企業も個人も発想の転換が求められているのです。

実際、中国などは、国を挙げてこれを実践している。エネルギーや原材料の確保のため、とりわけアフリカ諸国に盛んに進出しているわけですが、これも、川上を確保せずには、経済成長どころの話ではないからです。

再認識されるべき国家の重要性

また、この意味でも、「何でも民営化さえすればよい」という民営化万能主義の転換を図らなければならない。というのも、例えば、エネルギーや資源の確保などという課題は、民間ですべて担えるようなものではなく、政府が担うほかないからです。「小泉改革」で、石油公団が廃止され、国際協力銀行も弱体化されました。しかし、石油の採掘などは、リスクがあまりに大きく、民間では不可能です。また国際協力銀行も、業務の八〇％は資源に関わることだった。ですから、むしろこうした機関を独立させ、拡充しなければならない。少なくとも資源に関して言えば、「小泉改革」でなされたことを逆転させなければならない。

何に関しても公的セクターを大きくしろ、と言うつもりはない。しかし、エネルギー、資源、食糧、環境といった問題においては、国が果たす役割が再認識されなければならない。この意味で、消費者庁構想などは、ナンセンスの極みです。「川下」の問題に国家が大きく関わる必要などない。むしろ国家は「川上」の問題にこそ関わるべきで、消費者庁などをつくるのではなく、資源エネルギー庁を「省」に格上げし、食糧庁をここに統合するといったことを行なわなければならない。

消費者個人も、原点に戻らなくてはならない。ブランドや様々な情報やイメージに惑わされることなく、エネルギーや原材料や食糧が高騰し、資産は目減りするなかで、自らの生活を防衛するために、いかに実質的なものを確保するか、という視点に立って、これまでの消費パターンを変えていかなければならない。実際、こうした転換はすでに起きつつある。ブランドショップが低迷し、携帯電話なども世界的に売れなくなってきているのも、その証でしょう。

――国家の役割の重要性を再認識すると共に、政府と民間の役割分担をより明確にすべきだということですね。

その通りです。国家の役割をきちんと限定し、明確にすべきです。消費者庁をつくるのが国家の役割ではない。エネルギーや資源や食糧の確保こそ、国の役割です。民間が担うべきなのは何か、あるいは地方自治体が担うべきなのは何か、そういう中で国の果たすべき役割を改めて明確にする必要がある。国家はそうして定められた役割に特化し、国としての形を変えていかなければならない。こうした国家の変革も、金融資本主義が崩壊し、パラダイムシフトが起きているなかで、求められている重要な転換の一つです。

エリート育成の重要性

――そうした転換を図る上で、やはり重要なのは、人材だと思います。実際、榊原さんは教育の重要性を説かれていますが、この点はいかがですか？

時代の変革期に重要なのは技術です。日本には資源もエネルギーもない。あるのは、資金力と技術力のみです。そして、その技術を担っていくのは人間ですから、教育が非常に重要になってくる。しかし、その教育も、これからの時代に対応できるものではなくなってしまっている。また資金力はあると言っても、優れた人材なしには、資金をうまく使えない。その意味でも人材育成が重要となる。

幅広く意欲と職業意識を育む教育が重要なのは言うまでもありませんが、いまの日本に最も欠けているのは、実はエリート教育で、今後ますます重要になるのは、リーダーの育成です。例えば、エネルギーや資源や食糧の確保などは、庶民の目線で考えて解決できるような問題ではない。

――「民主主義」の名の下に、戦後なされてきたのは、結局、悪しき意味での「大衆化」だったようにも思われます。

戦後日本というのは、ある意味で、エリートをつぶせという社会だった。この悪しき「平等主義」が日本の教育全体を歪めてしまったわけです（編集部注――この点は、山折哲雄氏との対談「日本の教育を問う！」『大転換(パラダイム・シフト)――世界を読み解く』藤原書店、二〇〇八年所収で詳細に論じられている）。その結果、エリート教育が決定的に遅れてしまった。単に欧米に対して遅れているだけでなく、中国、韓国、インドに比しても遅れをとっている。これでは日本からリーダーがいなくなってしまう。実際、人材という点では、今の政界も、官僚の世界も、さらには財界も、非常に心許ない状況です。世の中を全体的に広く見渡した上で物事を決められるような人材がほとんどいなくなってきた。しかも、いまは、時代の大きな転換期を迎えている。ここで、長期的な視点から変化の方向性を見定め、国家として、あるいは企業として生き残りを図っていかなければならないのです。

近代化、産業化といった明治維新以来の変革という点では、日本は世界の中でも最も成功した国であることは間違いない。しかし、恐竜の滅亡と同じで、いったん環境が変われば、その成功そのものが失敗の原因となり得る。事実、大衆化という点では、日本はこれを実現し、それどころか、すでに「恐竜化」と言いうるような段階にまで達している。そして、その分、転換も困難になっているわけです。

しかし、いま、時代の大きな節目にあることは間違いない。一九三〇年代の大恐慌と同様に、「これを境に世界が変わる」といった転換期を迎えている。ある意味では、最後に金融資本主義となって自壊する、十六世紀以来の資本主義の終焉、少なくともそうした終焉の始まりなのかもしれない。こうした大転換にどう適応していくのか、と、我々は生き残るために真剣に考えなければならないのでしょう。

ドル基軸通貨体制と対米政策の転換

——これだけの金融肥大化が生じた原因として、ドルが基軸通貨として通用していたという問題があると思います。この点は、今後、どうなるのでしょうか？

現在のドル基軸通貨体制が、すぐに変わるとは思えません。アメリカが徐々に衰退していくことは間違いなく、またドル基軸通貨体制が弱体化していくことも間違いない。しかし、だからといって、何か新しいシステムがすぐに出てくるわけではない。

一九三〇年代の大恐慌の後と同じように、しばらくは混乱が続くと考えられる。かつては、戦争に行き着いたわけですが、今回はどうなるのか分からない。しかし、これまでの秩序が崩壊したことは間違いない。だから国も、企業も、個人も、自らを防衛しなければならない局面に入ってきている。日本のメディアを見ていると、サミットでも開催すれば、すぐに何か新しいものが出てくるといった調子で報じられ、実際、私もそうした趣旨の取材をいくつか受けましたが、そんなことはあり得ない。これからやってくるのは、しばらく続く混乱の時期です。

アメリカがヘゲモニーを握ってきたのが、戦後の世界です。そのアメリカが危機に陥ったというのは、単なる一つの国のローカルな問題ではなく、グローバルな問題です。その意味で、明らかに世界は転換期を迎えている。だが、直ちにヨーロッパがこれに取って代われるわけではない。アジアにしても同様です。こうした混乱の中で、日本も、単にアメリカに追随していればよかったところから脱却して、そろそろ自分の頭で考え、自分の意思で行動しなければならない時期にきているわけです。

アジア政策の重要性

——その意味では、とりわけ対アジア関係は重要となりますね。実際、榊原さんは、日頃からその点を強調されていますが。

今回の危機で、アジア諸国は、比較的大きな被害を受けていない。その意味では、アジアの連帯にとっては、一つのチャンスを迎えている。

ところが、アジア諸国はどこでも、ナショナリズムが高揚しており、これが各国の協調を難しくしているわけです。危機の時代には、どうしてもナショナリズムが高揚する。しかしだからこそ、協調関係を地道に築いていく努力が重要となる。今回の金融危機で、ある意味では、アジアにおける欧米の影響力が後退していますから、日本にとってはチャンスと言えるわけです。ASEAN＋3といった枠組みでもよいですが、日本もイニシアティブをとって、アジアの中に様々なメカニズムをつくっていくことが重要です。大変な時代とは言えますが、しかし面白い時代を迎えているのだと思います。

——こういう時代の転換期に、本物かどうかが問われるということですね。

本質的なところに皆が戻っていく時代において、本物と偽物がはっきりしてくる。原点を考えずには、国家も、企業も、個人も生き残れない。

そうした視点から、国と国の関係も見直さなければならない。アメリカとアジアとの関係も見直さなければならない。国と地方の関係も変えなければならない。政府と民間との関係も同様です。いずれにせよ、そこでは、エネルギーの制約、食糧資源の制約といった、生存の原点に関わる問題に直面することになる。そして経済成長のあり方や生活のパターンそのものも、転換を迫られることになるだろう、ということです。

とても楽観視はできませんが、ただ日本には、そうした変革を可能にし得る歴史的背景が存在すると思います。

（二〇〇八年一一月一二日／於・赤坂　榊原英資教授研究室）

注

（1）投資銀行　株式、債券の引き受けを主業務とし、合併や買収などの財務戦略でのアドバイスなども行う金融機関。今回の金融危機で破綻したリーマン・ブラザーズや商業銀行傘下に置かれたゴールドマン・サックスやモルガン・スタンレーは米国を代表する大手の投資銀行であった。

（2）ヘッジファンド　機関投資家や富裕層等から私的に大規模な資金を集め、金融派生商品などを活用し運用するファンド。

（3）プライベートエクイティファンド　未公開株式を取得し、株式公開や第三者に売却をすることで、キャピタルゲインを獲得することを目的としたファンド。

6

恐慌の発生メカニズムとその後

――カネとモノの乖離と原点回帰――

浜 矩子

経済活動の「原点」への急激な回帰

今、我々は恐慌のさなかにいる。そうとしか言いようがないと思う。

恐慌とは何か。それは、すなわち経済活動の原点回帰現象である。原点という言葉には二つの意味がある。一つが出発点である。「原点に戻ろう」というような言い方をする時、我々はそこに「初心を思い出そう。出発点に立ち返ろう」という意味を込めている。

他方、原点にはもう一つ別の意味もある。それは均衡点である。座標平面上の原点だ。そこはどのような場所か。要は縦軸と横軸の交点だ。ゼロ点である。そこでは、全ての力が均衡している。バランスがとれている。黄金の均衡点である。

恐慌とは、すなわち、この黄金の均衡点を探り当てようとする経済活動の自己浄化作用なのだと考えられる。均衡点から離れれば離れるほど、そこに戻ろうとする経済の力学は力を増す。原点から遠ざかれば遠ざかるほど、そこに回帰しようとする力が強まる。その力が極限に達して抗いがたい津波と化す時、人はそれを恐慌と呼ぶ。

然らば、そもそも、経済活動はなぜ原点から乖離するのだろうか。それは、端的にいえば、経済活動が人間の営みであるからだろう。人間の営みには、どうしても一定方向への行き過ぎと偏りが生じやすい。それは人間が社会的動物であるからだ。本能だけで生きる動物の世界には、恐慌をもってしなければ矯正出来ないような均衡点からの乖離は生じない。そうなる前に、本能が群れの行動にブレーキをかける。

だが、人間たちが構成する経済社会の中では、「わかっちゃいるけど、やめられない」の魔力が本能的ブレーキの制御力を凌駕してしまう場合がある。これは、必ずしも、人間が救いようもなく愚かだったり、ひたすら欲に目がくらんでばかりいる生き物だからというわけではない。それもあるだろうが、むしろ、人間に責任感があるからそうなる、という面が多分にある。

株主に対して収益責任を負っている企業には、その責任を果たすためなら、良い子然としてばかりはいられない場合がある。他の企業たちが彼らの株主のためにやっていることを、自らの潔癖症だけに基づいて拒絶することは、存外に難しい。本来ならやりたくないことでも、株主が望み、市場が欲し、競争相手がやっていることなら、意に染まないながらも、やらざるを得ない場合がある。そのようにして、企業や人々はお互いにお互いをどんどん、妙な方向に追いやり、駆り立てていくことがある。人間たちが構成する生態系においては、そういう力学に歯止めが効かなくなる場合がある。

限界を超えさせた最後の一撃

だが、そんなことを何時までもやり続けることは出来ない。どこかで限界が来る。欧米の古い言い方に、「ラクダの背中の上のワラ一本」という言い方がある。ラクダという動物は運び屋である。巨大な荷物を背負ってどこまでも平気で歩き続ける。だが、いくらラクダでも、耐久力に限界がある。いつかは、荷の重みに耐えかねてしゃがみ込んでしまう。体力が限界に来ていれば、その次に背中に乗せられるのが、たとえほとんど重みの無いワラ一本でも、ラクダはがっくりとくずおれる。

このラクダをくずおれさせる最後のワラ一本。それが恐慌をもたらす最後の一撃だ。

その一撃は色々な形でやって来る。例えば、モノの作り過ぎが価格の暴落を引き起こす場合がある。それまでは、誰もがいくら高くても買っていた物について、売れ行き不振の兆候が出る。すると、在庫が溜まるのを嫌って誰かが値引きを始める。そうなれば、後は値崩れに向かってまっしぐらだ。かつての希少品が投げ売りの対象になる。

今回、アメリカで始まった恐慌現象は、カネの世界に端を発している。サブプライムローンを証券化した金融商品が、突然、値崩れし始めた。その商品の価値を裏打ちしていたはずのサブプライムローンそのものについて、債務不履行問題が続出し始めたからである。然らば、なぜ、サブプライムローンについて債務不履行が増えたか。それは、アメリカの住宅市場が過剰供給状態に陥ったからである。

そもそも、サブプライムローンという住宅ローンの組み方は、その対象となる不動産価格が上昇し続けることを暗黙の前提としている。「サブプライム」という言葉は、要するにプライムレート＝最優遇金利よりも金利が高いということを意味している。所得＝返済能力からみれば、とうてい最優遇金利の適用資格がない人にも、少し高めの金利で良ければお貸し出来ます、というわけである。

だが、話はそこでは終わらない。少し高めの金利を提示しながら、金融機関は実は別のことをいう。すなわち、「実際にはこの高めの金利をお払い頂く必要はすぐになくなりますよ」というのである。金融機関がそのようにいうのは、サブプライムローンの借り手が借りた資金で住宅を購入した後も、その住宅の市場価格はどんどん値上がりし続けることを想定しているからである。市場価格が上昇すれば、それだけ、その住宅を購入した借り手の担保力も上昇する。担保力が十分にある借り手に対してはそれほど高い金利を要求する必要はない。そこで、「お買い上げ物件の値上がり分を考慮すれば、次のご返済時にはもうプライムレートを適用申し上げられること請け合いです」ということになる。

この甘言に乗せられて、人々は住宅ローンを組み、住宅を買う。こうして需要が増え続ける限り、住宅価格も値上がりし続ける。ただし、このプロセスは決してサブプライムローンの貸し手がいうような終わりなき無限ループではない。どこかで需要は頭打ちとなり、ブームが続くことを当て込んで次々と作った新設住宅も、転売待機の既存物件も、次第に供給過剰気味となってくる。

そうなれば、住宅価格も頭打ちだ。サブプライムローンの貸し手と借り手が想定したような値上がりは実現しない。すると、借り手の担保力も思ったほどには上がらない。かくして、彼のローン返済負担は突如として想定外に重いものとなる。これがラクダを押し倒す最後のワラ一本だ。住宅価格の値上がりで楽々とクリア出来るはずのローンが焦げ付き、借り手はもとより、貸し手も債権回収不能に陥って大きなダメージをこうむる。

そして、今回の場合はこのダメージが証券化という手法によって、元々の住宅金融会社の帳簿から飛び出して、世界中の投資家の手元に広がった。サブプライムローン証券化商品を買っていた投資家たちが、世界中でそれらのローンの焦げ付きによる損失に泣くことになったのである。

保護主義と統制経済のおそれ

さて、そこでこれからどうなるか。カネの世界で起こった原点回帰現象は、今、モノの世界に本格的に波及している。波及のメカニズムは様々ある。最も直接的なのが、みずから資金繰り難に陥った金融機関の貸し渋り・貸し剥がしに伴う企業倒産や業容縮小である。だが、それだけではない。債券や株式の価値減価で家計が打撃を受ければ、それは消費低迷をもたらす。打撃を受けたのが企業であれば、在庫圧縮と生産縮小が始まる。さらには、たとえ、みずから貸し渋りの犠牲となっていない企業でも、あるいは金融資産の減価に見舞われていない投資家でも、取り引き相手がそのようなダメージを受けていれば、やっぱり無傷ではいられない。

このような状況が広がれば、心理的にも経済は縮小モードに入る。投資計画は先送りにしよう。予定していた仕入れは見送ろう。新規採用はとりやめよう。内定は取り消そう。かくして、負の連鎖の波紋が果てしなく広がることになる。

こうなってくると、次の展開として心配になるのが、引きこもりと排除の論理の台頭である。要は世界各地で保護主義的な行動がはびこるようになるということだ。既にその兆候はある。

二〇〇八年一二月に入ったところで、フランスのサルコジ大統領が注目すべき発言をした。経済対策の果敢な発動を宣言する決意表明の中においてのことである。対策の中で特定産業への救済措置をどう位置づけるかを語るに当たって、彼は手当たり次第の産業政策はあまり本意ではないといった。

そこまではいい。ごもっともである。だが、続いて彼は注釈を加えた。いわく、「ただし、他の国々がそれぞれの自国産業を保護しだすなら、話は別だ。その時には、フランスもフランスの産業のために立ち上がる」。

この発想の連鎖が怖いのである。誰かが口火を切れば、保護主義の炎はたちどころに地球経済を席巻する。その意味で、アメリカが自動車産業の救済要請にどう応えていくかは当面の大きな試金石である。

アメリカの三大自動車会社は、救済措置を求めて懸命にワシントン詣でを重ねてきた。金融機関の面倒ばかりみていないで、産業の方にも目をむけてくれ。そういうビッグスリーの主張は、それ自体としては解らないことはない。

だが、ここで踏まえておくべき重要な歴史的教訓が一つある。それは、保護は救済につながらず、ということである。

私企業が公的保護を受けることで、窮地から脱したというケースは、歴史的にみて実に稀である。そもそも、自力展開出来なくなったものが、公的庇護を受けてしまえば、ますます足腰は弱くなる。かつて日米通商摩擦華やかなりし頃、アメリカの主要産業が軒並みこれを体験している。日本からの輸入を規制してもらったり、補助金を出してもらったりしたことで、一体、誰かが見事に立ち直ったか。答えは否だ。繊維産業においても、鉄鋼業においても、電子産業においても、そして自動車産業においても。そもそも、過去の保護が救済につながっていたなら、今また、自動車産業が救いを求めてワシントン詣でに出向いているはずはないのである。

心配事は保護主義の問題だけではない。もう一つ気掛かりなのが、恐慌に伴う痛みをひたすら回避しようとするあまりに、統制経済的な色彩が世界的に強まることである。例えば、物価を人為的に引き上げたり、株式取引を制限したり、貸し渋りを強権的に禁止したりするということだ。

本稿の冒頭で、恐慌とは、均衡点という名の原点を模索する経済活動の自浄作用であることを確認した。統制経済下では、この原点回帰の力学が働かない。矛盾と歪みを抱え込んだままで人為的な延命対応がひたすら続くことになる。これで経済が健全さを取り戻すはずはない。恐慌の猛威を恐れる余りに、強権発動的なやり方でその力を封じ込めようとするところまでいってしまうと、延命治療転じて命取りである。統制は経済にとっても社会にとっても、死に至る病だ。

統制で目先の痛みを回避することは、実をいえば簡単だ。強権発動してしまえば、問題の症状は確実に止まる。だが、問題はその後である。統制を解除すると、封じ込められていた原点回帰の力が以前に倍化した勢いで噴出してくる。だから、統制はなかなか解除出来ない。そうこうするうちに、社会と経済が朽ち果てる。

金融の世界で起こった激震は、かくして、経済活動全般を極めて危険な方向においやろうとしている。一九三〇年代においては、このような展開が最終的に戦争へと世界を引きずり込んで行った。まさか、今回、そんなことにはならないと思いたい。だが、実をいえば、まさかは必ず起こるのが世の常だ。何度となく、世界は「まさかそんなことが起こるはずはない」と誰もが思う悲劇に見舞われて来た。ここは、絶対にまさかが現実とならないようにするという気構えが必要な場面だ。最悪の事態を想定して、それを回避するための危機管理シナリオを書く。それが今ほど国々の政治と政策に求められたことはないだろう。

金融の暴走は何をもたらすのか

他方、金融の世界に関していえば、今、必要なのはモノとカネの乖離現象を何とか解消することだ。今回の金融大激震は、カネの世界がモノの世界と決別したところから始まった。産業のモノづくりや、人々の生活を支えるためにカネを回すという金融の役割が、金融の自由化とグローバル化、そしてIT化と工学化が進む中でいつの間にか後景にしりぞいてしまった。

モノとヒトの世界を離れたカネの世界の独走が、やがては暴走に転化する。その暴走によるひずみが耐えがたいところまで極大化したところで、それを矯正しようとする力が働いて、恐慌が到来したわけである。

カネの世界が大膨張を遂げる過程では、「間接金融から直接金融へ」ということがさかんにいわれた。企業の資金調達のやり方として、銀行から融資を受けるというやり方はもうはやらない。そんなことばかりしていたのでは、グローバル経済を舞台とする企業経営は展開出来ない。企業がみずから資本市場に出て行って、投資ファンドから資本を受け入れたり、投資銀行に社債を買ってもらったりするべきだという言い分である。この「直接金融の勧め」が声高に唱えられて来た。この言い方と表裏の関係にあったのが、「貯蓄から投資へ」というもう一つの掛け声である。企業も人々も、銀行にカネを預けてばかりいないで、みずから、投資家となって資本市場に参加すべし。そういう言い方である。

これらの掛け声に煽られて、世界のカネはどんどん投資銀行の懐に流れ込み、そこからまた世界にあふれ出ていく展開になった。だが、その結果として起こった金融大膨張には、よく考えてみれば、「間接金融から直接金融へ」の呼びかけと多分に矛盾する面がある。なぜかといえば、投資銀行に流れ込んだカネは、実をいえば直接金融という形でモノづくりの資金調達機会の拡大につながったわけではない。ひたすら、カネの世界の中ばかりをどうどう巡りして来たのである。

そこに、経済活動を支えるための信用創造というメカニズムは働いていていない。金融資本が産業資本をサポートするという力学が働いていないのである。信用創造を基盤に産業資本が拡大再生産を展開するのが資本主義経済であるとすれば、カネがカネの世界の中だけで自己展開するグローバル経済の今日的姿は、もはや、資本主義経済と呼べるものではなくなっているのかもしれない。金融資本主義の時代に突入した、というようなことが言われる昨今だが、実はそうではなかったのかもしれない。金融の大暴走の結果として、我々はそもそも資本主義経済という名の世界を飛び出してしまったということではないのか。そうだとすれば、そこを飛び出した結果、我々は一体、今どこをさまよっているのだろうか。にわかには解答は出てこない。今後の行方をなお注意して見守っていく必要がある。

7　金融資本主義の歴史分析

――危機は宿命ではない――

ロベール・ボワイエ＋井上泰夫

根深い危機の原因

井上　今日、ボワイエさんと議論したいのは、レギュラシオン理論の観点からグローバル金融危機をどう理解できるのかです。その糸口のために、私の仮説を述べるとすれば、今回のアメリカ発の金融危機は、単なる一時的でローカルな危機ではなく、少なくとも一九七〇年代後半以降における金融自由化戦略の総決算だということです。この仮説によれば、現在起こっている危機の原因は極めて根深いものであって、偶然的に起こったものではない。そのことを第二次世界大戦後の経済成長を主導したフォーディズムとの対比で考えるべきだということです。

戦後のフォーディズムにおいては、金融システムが、企業の設備投資に対して、また個人（家計）の消費（住宅）需要に対して積極的に資金を融資できた。今回、経営危機で政府管理下に置かれたフレディマックとファニーメイもアメリカのマイホーム実現政策に必要不可欠な住宅公社であった。つまり、銀行を中心とする間接金融システムが経済成長に対して強固な推進役を果たしていたわけです。そして、全体としてケインズ主義的金融政策のもとで、金融の引き締めと緩和が繰り返されることによって、経済主体の「貨幣制約」が柔軟に管理されるなかで（詳細は、拙稿「金融の日本的レギュラシオンを求めて」『環』第二七号、二〇〇六年秋、参照）、実体経済から離れて、金融が暴走するような事態は制度的に起こりえなかった。ただ、貨幣制約の弛緩は、損失の貨幣化と呼ばれる事態を徐々に生み出していた。つまり、一定時点における収支バランスのなかで、損失が厳密に会計処理されるのではなく、時間的経過のなかでその決済が先送りされた。そして、この損失の貨幣化が全体として、金融拡大→経済成長促進というマクロ経済回路を支えていたと言えます。

ボワイエ　レギュラシオン理論の観点から、今回の金融危機を分析して、まず明らかになるのは、フォーディズムと金融資本主義における制度諸形態の相互補完関係の違いです。

フォーディズムから金融資本主義へ

ボワイエ　フォーディズムは、賃労働関係の制度化された妥協に依拠するもので、これによって、生産と消費の動態的な関係が大規模で維持されていた。他方、金融資本主義において賃労働関係に取って代わったのが、貨幣・金融レジームです。フォーディズムでは、従業員と経営者の賃労働関係の合意が、他の制度諸形態に対して優位していましたが、賃労働関係に対する貨幣・金融レジームの優位が、大企業経営者と金融機関、とくに投資銀行との事実上の連携から形成されてきました。こうした基本的変化により、他のほとんどすべての制度諸形態も次のように変質を被りました。

①フォーディズムでは、投資レベルを国民の消費需要水準が規定していたが、資本の収益性が重要な基準となる。そしてM&A（企業の合併・買収）のような金融戦略が重要になり、ROE（資

本収益率）を最大化することが経営の至上課題となる。

②金融業界が安定した高収益を要求することによって、賃労働関係が柔軟化する。雇用はすばやく調整され、賃金も雇用情勢に敏感に反応するようになる。これによって雇用は不安定化するが、家計資産は、資産効果や年金ファンドで補完されることによって、最終消費水準は維持される。ここには、フォーディズムにおけるような労働生産性の上昇率と実質賃金の毎年の規則的上昇（生産性連動型賃金）の連動といった社会的ルールは存在しない。

③年金システムの資金調達方式は賦課方式から積立方式に移行する。年金ファンドの運用も、安全な資金運用を目指す方式から金融収益を最大化する方式に変化する。こうして社会保障制度の大半の構成要因が株式市場の動きと連動するようになるが、これは、黄金の三〇年（一九四五〜一九七五年）における普遍主義的な社会保障制度の原理（ベヴァリッジ、ビスマルク）の対極を意味する。

④経済政策は、貨幣・金融レジームの要請にしたがって変化する。資本の国際的流動性の高まりは、資本税の引き下げを要求し、社会保障負担は賃労働者に転嫁される。中央銀行の果たす役割も大きく変化する。中央銀行は、フォーディズムにおけるようにインフレとデフレの間で金利をコントロールするのではなく、金融安定の実現を優先する。金利を予防的に引き上げてバブルの発生を防ぎ、金融不安定化にさいしては「最後の貸し手」としての機能を果す。

金融主導型成長は、このような諸々の変化と共に生まれますが、マクロ経済的には、次のような特徴を有しています。

金融主導型成長モデルのシェーマ
①成長の中心を占めるのは、株式市場であり、株式市場の推移こそが、企業にとって投資基準となり、賃労働者にとっても貯蓄の投資基準となり、中央銀行も金融安定化のために株式市場を政策の判断基準とする。
②フォーディズムと異なり、家計消費は、信用の獲得の際に重要となる金融資産に大きく依存する。他方、実質賃金は停滞が続き、株式市場の推移が投資水準、消費水準を決定する。これは、カレツキ、カルドア的なモデルにおける生産・消費の累積的・加速的成長とはまったく異なる。
③金融が要求する収益性基準が、企業投資に本質的に重要となる。累積的・加速的原理も存在するが、それは、フォーディズムの場合とはまったく異なり、株主価値が企業戦略を決定する。

アメリカに固有の成長モデル

ボワイエ　こうした金融主導型成長体制は、極めて逆説的なものです。フォーディズムでは、投資を決定するのは付加価値の創造でしたが、金融資本主義においては、株式市場によって評価される将来の富の先取りが生産を決定する。つまり、ここでは期待と信頼が大きなウエイトを占める。一九九〇年代のアメリカ経済に、こうした信頼が存在したことは統計的に証明できる。その結果、ヨーロッパの数多くのマクロ経済学者は、ヨーロッパ各国政府に対して、信用と金融を、マクロ経済政策の手段にするよう提言した。かれらの考えを支えていたのは、金融を経済成長のてこにすれば、EUも一九九〇年代の停滞から脱してアメリカのようなニューエコミーをこぞって実現できるという認識です。

だが、これは完全な認識不足だった。アメリカの成長体制は、イギリスを除いて他国には移転不可能だからです。イギリス経済だけがアメリカ合衆国の状況に類似していて、アメリカの成長体制を導入できた。ドイツ、フランス、日本の経済成長を規定するのは、金融ではなく、あくまで付加価値の創造にもとづく生産的なロジックであり、これらの国に、株主価値優先の経営を導入しても、企業、賃労働者にとってマクロ経済的な不安定化を引き起こすだけです。日本経済が一九九〇年代のバブル崩壊からの回復に長期にわたって手間取っていることにも、こうした事情が作用しているように思われます。

金融資本主義の根源的不安定性

井上　フォーディズムから金融資本主義への大きな転換の根底にあるのは、前者における債務者連合（企業・従業員・消費者）のヘゲモニーの形成から、後者における債権者連合（金融機関・富裕層）の社会的優位の確立という変化です。単に現象面に目を奪われるのではなく、この変化を全体として捉えなければならない。例えば、今回の金融危機に関しても、社会的批判の対象となっているのは、金融資本主義が有するモラルの側面です。識者のコメントも、金融当事者たちのモラルハザードを指弾する論調が支配的です。サブプライム危機、そしてグローバル金融危機の根底にあるのは、単にこうした拝金主義だけなのか。こうした論調にしたがえば、金融投機家たちが少々やり過ぎた、という教訓しか得られない。しかし、単なる「倫理なき資本主義」といった批判を超えるような説明こそ、経済学がなさなければならない。

ボワイエ　おっしゃる通りで、問題は、経済主体の不合理性にではなく、金融自由化のロジックそのものが金融の暴走に行き着く不安定性を抱えていることにこそある。この点は、すでにケインズ的、制度派経済学も指摘していることです。「私的な金融イノベーションを活性化させると、それは一時的に成功を生み出すにせよ、その成功が不安定性に転化して、金融の脆弱性を強めることになる。その結果、金融危機に陥る」というわけです。つまり、これは、金融資産の評価（金融市場・

資本市場）をめぐる根源的な不安定性であり、そうした不安定性が制度的にコントロールされないかぎり、必ず危機に向かわざるをえない。

問題は、したがって個々の経済主体の倫理にあるのではなく、金融不安定性のロジックそのものにある。だが、現実にこうしたロジックを担って経済活動を行なうのは個々の生身の人間であり、そこに人間の集団的意識・表象が大きく作用することになります。

例えば、今回の危機がこれほど拡大してしまったのはなぜか。それは、さまざまな危機の前触れがあったにもかかわらず、それらのシグナルが無視されてしまったからです。サブプライム危機以前のアメリカの不動産バブルの好景気は、強烈な社会的インパクトを有していて、これほどの危機になるとはブッシュ政権も予想していなかった。アメリカで「経済の神様」とまで評されたアラン・グリーンスパン前FRB議長ですら、二〇〇八年一〇月二三日の議会での証言で、サブプライム危機がこれほどの事態になるとは予想できなかった、と述べている。

ただ、これは一種の自己弁解のようにも聞こえます。なぜかと言えば株式市場のバブル、ITバブル、不動産バブルのいずれにおいても、右肩上りの市場という楽観的な見通しを権威づけた張本人こそ、他ならぬ彼だったからである。

バブルの発生に対して私自身も、すでに二〇〇五年の時点で、金融派生商品の肥大化が必ず危機を引き起こすと主張していましたし、他にも少数ではあるが、警鐘を鳴らす経済学者は存在していた。しかし、これらの声は完全に無視されたわけです。

たとえば、金融イノベーションによって、数多くの新しい金融商品が生まれましたが、これらの金融商品の評価方法それ自体に大きな問題が潜んでいます。

ブラック、ショールズ、マートンが開発した金融デリバティブという新しい評価方法が、金融業界に受け入れられ、金融派生商品に価格が付与されるようになりました。これは、伝統的なミクロ・マクロ理論に代わる全く新しい金融理論でした。そしてこうしたリスクの新しい評価方法によって、もはや危機は排除しうるという認識まで生まれてしまったわけです。ところが、LTCM（ロング・ターム・キャピタル・マネジメント）の危機が示すように、危機は、経済主体の非合理的行動だけを原因に発生し、これだけを原因により大きなパニックとなるのではない。むしろ金融収益の新しい評価方法が「厳密な」計算にもとづいているだけに、いったん市場が不安定になると、かえって混乱が加速度的に大きくなる。このような金融の不安定性の特徴は次のようにまとめられる。

①ハイテク型の金融派生商品は、リスクをカバーする効果があるといわれるが、実際には、むしろ第三者に負わせるリスクを増幅させるメカニズムを有している。

②てこ（レバレッジ）の原理によって、巨額の損失が元本の三〇—五〇倍の規模で生まれる。それゆえ株式市場の下落が数パーセントであっても巨額の損失が生まれる。ここにこそ、ヘッジファンドの問題は存在する。

チャンスと危機の巨大化

ボワイエ　しかし、こうした問題は、規制を強化することである程度防げたはずです。例えばリーマン・ブラザーズは三〇〇億ドルを上回る資産をカバーするのに、一〇億ドルの資金しかもっていなかった。今回の危機に先立つ一九九八年の最大手ヘッジファンドLTCMの破綻の際、グリーンスパンは規制の強化ではなく、他企業によるLTCMの買収という戦略をとってしまった。これにより金融派生商品やヘッジファンドの根本的な不安定性という問題の解決は先送りされたわけです。

金融派生商品に固有の性格を除けば、同じ連鎖関係は、エネルギー派生商品についても妥当します。ニューエコノミーの時代に、先物市場を創設して利益を引き出そうという動きが活発化した。LTCMと同じように、エンロンは、急速に市場の寵児となり、後続する企業も急増し、誰もが例外的な高利益を追求しようとした。

ところが二〇〇〇年になると、合法的ながらも、将来の利益を先取りしつつ、しかし将来のコストは除外するという会計操作が問題視され、会計の透明性、経営者の責任の問題が提起されました。これに対しエンロンの経営者たちは、政治家とのつながりを利用し、あらゆる規制に反対した。金融先物市場の活動は複雑であり、規制にそぐわず、規制によって企業の自由は侵害されると主張した。

同じ事態は、二〇〇〇年代の後半、サブプライム危機においても起こりました。インターネットバブル崩壊以降のアメリカ経済は、低金利政策によって特徴づけられ、共和党政府によって低所得者向けのマイホーム建設が政策的に支援されました。ここに、民間の住宅貸付機関が殺到する舞台が準備されたわけです。融資先個人の所得状態は無視して、もっぱら右肩上りの不動産市場に期待する。そして規制を潜り抜けるための政治的ロビー活動がここでも活発化する。

ところが、二〇〇七年三月以降、市場は急速に反転します。これは、金融の不安定性にともなうシステミックな危機が発生したことを意味し、その証拠に、銀行間取引市場までが停止するにいたる。

このように、サブプライム危機には、これまでの危機のすべての特徴が含まれていると言えます。アドホックな金融イノベーションの開発、従うべきモデルの存在、流動性の無制限的供給、てこ（レバレッジ）の原理による高利益の追求、公的当局の介入の拒否（ロビー活動による）。つまり、サブプライム危機がとくに巨大であるのは、二〇〇〇年以来これまで先送りされてきたすべての問題がそこに含まれているからです。

経済成長と社会保障制度

井上　ブローデルがすでに指摘しているように、資本主義には、三つの時間（短期、中期、長期）が存在するにもかかわらず、現実を生きる当事者には短期的な時間だけが目に入ることが多い。グリーンスパンにしても、アメリカの不動産市場がバブル的水準になっても、それは堅調な実需によって支えられていると断言してはばからなかったし、政策立案者、経済運営の責任者よりも、市場の方が正しい判断をしている、とまで述べていたわけです。人間の身体とのアナロジーで言えば、大きな病気にかかってしまってからでは手遅れになってしまうが、振り返れば、必ず病の前兆は事前に起こっている。ただ、そうしたシグナルも、多くの場合は見落とされてしまう。

ヨーロッパとの違いも大きいと言える。つまり、アメリカで国民的合意として何よりも優先されるのは景気回復であるのに対してヨーロッパの状況は異なっている。現在のEUの制度的枠組みのなかで、政策の優先順位は、成長・雇用よりも、ユーロの安定、インフレ抑制に置かれている。このコントラストは極めて重要です。何ゆえにアメリカ社会は経済成長至上主義であるか。国民皆保険、国民皆年金、失業保険といった社会保障のセーフティ・ネットが制度的に欠如しているがゆえに、国民は景気回復に期待するほかないわけです。ともかく景気が回復して、国民の大多数がその波及効果（トリクルダウン効果）を享受せずには、政府も、国民の政治的信頼を獲得できない。定期的に議会で自らの金融政策について説明責任を果たさなければならないFRB議長も、ある意味では、同じ立場に置かれている。

これに対して、ECB（ヨーロッパ中央銀行）の総裁は、そうした説明責任を制度的に負っていない。その意味で、ECB総裁の地位は絶対的です。

このような違いを念頭に置いて図式化すれば、アメリカ社会における社会保障制度の欠如を補完しているのは、成長至上主義であり、より具体的には、寛容な消費者信用の存在であり、これがほぼ制度的にビルトインされていると言える。端的にいえば、クレジットカードが社会保障制度を代替している。

制度的にもクレジットカードの申請・発行が容易であり、実際にも個人の破産宣告・やり直しもまた頻繁になされている。今回、問題となったサブプライム・ローンも、何らかの信用問題を引き起こした消費者を対象とする融資制度です。アメリカでは、ガンにかかってもクレジットカードで決済することになる。これに対して、ヨーロッパでは、財政赤字で不安定化しつつあるとはいえ、いまなお社会保障のセーフティ・ネットが制度的に健在だと言えます（以上、拙稿「ユーロリベラリズムの地平を超えて――ユーロ導入一〇年の経験と展望」『環』第三三号、二〇〇八年春、参照）。

バブルの歴史とメカニズム

ボワイエ　そのことは、何ゆえにアメリカ資本主義はバブルを繰り返すのか、しかも、ますますその頻度を増しているのかという問題と関連していますね。金融とバブルの歴史を回顧すればそこには同一の連鎖関係の存在を確認でき、これは、最近の一連のアメリカのバブルについても妥当します。バブルを時系列的に挙げれば、オランダのチューリップ・バブル（一六三〇年代）、南海泡沫事件（一七一〇年代）、ミシシッピ会社バブル（一七一〇年代）、イギリスの鉄道バブル（一八四〇年代）、アメリカ合衆国の鉄道バブル（一八六〇年代）、フロリダの不動産バブル（一九二〇年代）、アメリカの株式バブル（一九二〇年代）、アメリカのM&Aバブル（一九六〇年代）、同ITバブル（一九九九―二〇〇〇年）などです（『ニュー・エコノミーの研究』［藤原書店、二〇〇七年］もあわせて参照されたい）。

①最初の契機は、何らかの衝撃である。それは、技術的な衝撃（チューリップの新しい栽培方法、大量生産システムの開発）、新しい金融手段の出現（航海会社の株式）、戦争の終焉（南北戦争のあとの鉄道開発）、新しいサービスの顧客の開拓（フロリダの別荘）、新しい金融状況によって生まれた可能性の増大などでありうる。

②その衝撃について、いち早く正確な情報を入手した経済主体が、期待できる収益について選択的な判断をくだし、専門家たちの示唆（チューリップの新しい栽培方法、フロリダで建設される住宅のタイプなど）にもとづいて、株式投資に踏み切る。この時点では、かれらの行動はまったく合理的であり、なんらバブルの発生を引き起こすものではない。

③これらの投資家の行動によって、やがてイノベーションに関連する金融商品の価格が上昇し始める。この株式市場の上昇が開始するや否や、不案内の素人の投資家が大量に市場に参加することになる。この時点でバブルの発生が始まる。

④さらに、一般投資家を元気づけるかたちで、権威ある機関ないし人物が景気の動向について

楽観的なお墨付きを与える（ミシシッピ会社バブル［ミシシッピ会社の経営の中心は、植民地貿易にあった］の場合、フランス政府が、実業家であるジョン・ローに対して公式の支持を表明した。一九二〇年代のアメリカでは、当時の著名な経済学者、アーヴィング・フィッシャーが、株式市場の活況と好景気は持続的であるという診断を下し、バブル崩壊に至るまでその判断を変えなかった。最近では、あなたの議論にあったように、以前にはバブルを批判していたグリーンスパンが、中央銀行よりも民間の経済主体の方が株式市場の動向についてよく知っている、という発言をした時に、まさしくネットバブルの崩壊が始まった）。つまり、グリーンスパンが現実の好景気を支えていた民間のバブル的熱狂に「お墨付き」を与えたその瞬間にバブルは崩壊し始めた。

⑤バブルの頂点において、実現された収益が予想収益を下回ることが気づかれ、バブルは反転し始める。最初は小さな動きであっても、それがやがて大きな不安に膨れ上がり、将来予測は下方修正される。この時点で、事情に通じた投資家たちは株式の売りに出る（逆張り）。

⑥公的当局が、社会的な批判を受けて、投機を抑制するために当事者を追及し、規則を厳しくしようとする。大半の場合、こうした規制によって、バブルの発生と崩壊は、過去のものとして忘れ去られ、これが新たなバブルを生む土壌となる。

あなたが言及したフォーディズムにおけるように、金融システムが経済成長を後押しすることは十分あり得ることであり、必要不可欠なことでもある。だが、これまでの経済理論を吟味すればわかるように、決して金融それ自体が成長を生み出すわけではない。経済成長は、すでにスミスが指摘したように、分業の深まりと市場の拡大によるものである。ところが、一九九〇年代以降の金融工学は、金融こそが経済成長の原動力になりうるというコンヴァンシオン（集団的意識）を生み出した。

まず、取引全体に関する完全な短期市場が存在しないなかで、金融市場が、経済主体の期待に関する情報を社会化する。こうして生まれた短期市場が、情報を豊富化することで、投資ないしイノベーションの決定がより容易になる。だが、こうした市場によってコンヴァンシオン（集団的意識）が生まれる結果、模倣主義が一般化するリスクも発生する。この時点で経済主体は、自分で固有の判断を行わないようになり、市場は悲観主義と楽観主義に二分される。

次の段階として、金融派生商品が金融とリスクを分離する。これによって、経済主体は、他の主体にリスクを転嫁することができる。だが、リスクが、このように二者関係から三者以上の関係に分散することは、全体としては、それだけリスクが増大することを意味する。かくして、過剰なリスク負担が発生する危険が高まる。アメリカ住宅貸付市場における金融商品は、まさにこの例である。

最後に、このようなシステムが一般化すると、銀行やベースマネーは不要である、との幻想が生まれる。これは、経済自身が資金を供給できるという幻想であり、経済主体はてこの原理を最大限活用する。だが、失敗すれば、当然銀行に頼らねばならなくなり、銀行自身がそのような失敗を重ねれば、金融市場の資金が枯渇することになる。サブプライム危機の背景にあるのは、このようなシステミックな危機である。

これら一連の過程が一般化すると、そこで活動する諸個人（トレーダーという専門家集団）は、まったく転倒した意識のなかで活動し続けることになる。金融の特殊性が無視され、ひたすらバブル的爆発に向けて走り出す。さらなる問題は、そうした諸個人の活動がてこ（レバレッジ）の原理で巨額の資金をグローバルベースで動かすことで社会を不安定化させることにあり、これが社会福祉に極めて有害なバブルの崩壊を引き起こすことになる。この意味において、金融工学によるリスク分散の理論的根拠は極めて曖昧と言える。

資本主義と危機――宿命論を越えて

井上　では今回の危機からどのような教訓を引き出すことができるか。今回の危機で勢いを失なった市場万能主義の経済学者は別にして、市場原理批判派は、「それ見たことか」という論調です。そして伝統的な批判的経済学者は、そもそもこれこそ資本主義が本質的に抱える危機であって、資本主義とはその繰り返しにすぎない、という宿命論を語っている。こうした宿命論を超えて、レギュラシオンの観点から、今回のような危機を乗り越えるために、どのような政策提言ができるか。そこが問われているように思います。

ボワイエ　レギュラシオン理論は、単純な宿命論に依拠するわけではありません。ただ、確かにバブル発生を助長するイノベーションに対して、公的規制による対応は、常に事後的であることは事実です。しかし、逆に言えば、そうした公的規制の積み重ねこそが現代資本主義を形成していると言える。

その意味では、現時点ですでに十分な事例をわれわれは有している。最近の一〇年は、文字通りウサギと亀の競争でした。金融主体は、ウサギであり、金融イノベーションに関する一連のプロセスを突っ走るのに対して、公的当局は亀であり、金融危機の後始末をして、新しい規制とルールを導入することになる。自動調節できると信じられていた市場も、多くの場合、経済と社会にとっての悲劇の舞台となる。ここで確認すべきは、市場か、規制かという、よく言われる二項対立的考えでは不十分であり、むしろ市場と政府の制度的補完関係こそ重要であることです。

井上　その場合、金融イノベーションのどこまでを規制の対象にすべきなのか、金融イノベーションのメリット、ボワイエさんの言葉で言えば、その魅力を否定することなくいかにこれを再生させるか。そこが問題となりますね。

ボワイエ　現在の危機の原因は、一九八〇年代初めに開発された金融イノベーションに遡ることができます。投資の将来予測の過ちを、事前修正するような金融イノベーションが開発された結果、今度は、こうした最適化のプログラムを前提に、投資家たちが行動するようになった。こうなると株式市場の上昇が反転し始めれば、全員が売りに出て、誰も買わなくなる。これが、コンピュータによってプログラム化された株式市場の世界です。そして、リスク回避のために先を争うミクロレベルでの競争が、マクロ的な大きな損失を引き起こす。ミクロレベルでは合理的な判断もマクロレベルでは誤謬となる。こうした合成の誤謬をどう是正すればよいか。

金融派生商品のなかには、発行する金融機関にすら評価が困難であるような商品も存在し、しかも今日の市場において、ますます肥大化しています。当然、そのような商品を購入する経済主体にも、そのリスクは評価できない。こうしたリスクの外部化、分散化は、金融システムを整合的なものとして維持することを不可能にするほど極めて危険なものです。

したがって、リスクの移転は、少なくとも発行者と同程度の情報を有する経済主体に対して行われるように、公的当局は監視すべきだという原則を引き出すことができます。この原則が適用されれば、発行される派生商品は大きく減少するはずです。そうなると、金融業界は、ただちに反論して、金融イノベーションの規制は成長の足かせとなり、企業の自由を奪う、と主張するでしょう。

だが、はたしてそうだろうか。

一九七〇年代後半以降における金融自由化は、伝統的な商業銀行の衰退を意味すると受け止めてこられました。ところが今回のウォール街の危機は、投資銀行こそ持続的な経営戦略を有していなかったことを示したと言えます。つまり私的な金融イノベーションの発展は、システミックな危機を引き起こし、金融の不安定性要因となってしまう。これに対して旧来の商業銀行は、ITバブルの崩壊、さらにサブプライムの危機を超えて生き残っています。

これは、長期的に、私的なイニシアチブと公的なコントロールが組み合わされて、商業銀行という整合的なモデルが形成されるに至った歴史的な過程を分析すべきよい機会であることを意味しているように思います。確かに商業銀行の草創期は、パニックの連鎖によって特徴づけられ、そこで預金者は資産の現金での確保を要求しました。少なくとも一世紀間、銀行業界、専門家、そして公的当局は、この問題を解決しうる方法を模索し、数多くの解決方法が考案されたが、実際にパニックが起こると、すべての銀行が支払い不能に陥った。こうして、ようやく一九二九年の恐慌を機に、次第に、預金保険機構が機能し始めました。

また債務者が債務を予定通りに返済しないと、商業銀行にとって不利となる資産危機が起こります。これを防ぐには、銀行は長期間を通じて、どの程度の資産が必要か学習する必要があった。そして預金保険は、銀行経営を悪化させる恐れがあるので、これに加えて一九七〇年代以降、自己資本比率などに関するプルーデンシャル規制（健全性規制）が導入されるようになった。こうして先進諸国では、銀行パニックの発生は阻止されるようになりました。

だが、一九八〇年代になると銀行は、大企業が直接資金調達する資本市場の挑戦を受けるようになり、そして銀行自らもこの市場で直接リスクをとるようになります。その際、アメリカでは証券化が主要な手段となったので、銀行もこの証券化を取り扱うようになる。

ところで、今回の危機で破綻した投資銀行メリルリンチを救済したのが、預金銀行のバンク・オブ・アメリカであることは象徴的です。家計の貯蓄と中小企業向けの融資を扱う商業銀行の方が、投資銀行に比べて極めて安定的だった。したがって今後商業銀行の経営の安定性と経営手法が、金融システムの再構築のなかで大きな優位を獲得するはずです。つまり、預金保険、プルーデンシャル規制、そして証券化を組み合わせた金融システムモデル。この私的なイノベーションと公的なコントロールの組み合わせこそ、現在のアメリカ発の金融危機の危機を克服するための手がかりとなる。

すでに述べたように、金融イノベーションは、歴史的にも、国際比較の観点からも、成長過程を支配しているわけではありません。したがって、アメリカのこの一五年間の成長体制は、他国がこれを無条件に輸入すればいいというものではない。

金融イノベーションは、成長の動態のなかで特別な位置を占める。それは、以前の成長体制を不安定にし、新しい成長体制の出現を容易にする。ここに、技術的・科学的なイノベーションとの違いがある。

また規制との関係で言えば、第二次世界大戦後において、金融は厳しく規制されたが、だからといって資金配分が停滞したわけではなった。また今日、アメリカは、金融の再規制化の課題に直面している。すでに二〇〇八年三月以来、経営困難に陥った投資銀行には、公的な監視員が派遣されている。FRBによる救済も、規制の受け入れと一体になっている。こうして、公的コントロールに消極的であった雰囲気は一転しており、金融業界は何らかの規制を受け入れざるをえなくなっている。それほど、金融業界の信用は低下しています。

イノベーションの出発点は、常に私的・民間であることを理由に、イノベーションの諸条件に関する公的規制は排除すべきだという見方は正しくない。なぜなら技術的イノベーションから生まれる新商品も、必ず公的に定められる安全性基準を満たさなければならないからです。だからといって、そのせいで経済的動態が損なわれるわけでない。その反対である。二〇〇八年夏以降、もはやウォール街にとっての利益は、アメリカ経済、アメリカ社会の利益であるとは言えなくなっている。市場と公的規制の関係は、そのまま善と悪の二項関係に置きかえてはならない。

金融危機は回避できないわけではない。金融危機の頻度を下げて、そのショックを緩和するような手段は存在します。

①歴史の教訓に学び、次の危機を回避すること。
②サブプライムのような危機を繰り返さないためには、商業銀行、投資銀行、保険会社など金融機関全体の監視が必要であること。
③債権者と債務者の間の責任関係を維持すること。派生商品のリスクを透明化すること。
④情報を有している人から情報を有していない人へのリスク移転にもとづく金融商品を禁止すること。
⑤マクロ的な経済的外部性の不在を証明できるような派生商品の許認可機関を設置すること。
⑥公的コントロールのために民間の優れた金融専門家を雇用すること。そして金融システムに

関して民と公の間で情報の非対称性が生まれないようにすること。
⑦ポランニーにならえば、金融の果すべき役割は、社会を金融のために組織することではなく、イノベーションの方向と強さを、社会の改良に背かないようにする公的規制によって金融を社会的コントロールすること。

あらゆる商品に要求されている安全性

ボワイエ　これらは、果してユートピアなのか。例えばわれわれの日常生活においても、近年、生活の安全性がますます厳しく問われるようになっている。食料品、医薬、自動車、公的交通機関、これらには必ず、製品・サービスの安全性を保証する公的ルールや公的機関が存在している。医薬品を市場化するには、企業内部や治療機関における治験データが要求される。だが、このような規制は、社会的に当然視されている。では、なぜ同じような規制が金融イノベーションには要求されなかったのか。それこそ金融イノベーションが引き起こした社会的損害は、国民全体の社会生活の安全を脅威にさらすほどのものであったにもかかわらず、である。

井上　一九七〇年代後半以降におけるネオリベラリズム路線を回顧しつつ、あるべき金融制度の規制改革について考えるとすれば、おそらく事前の届出制度、結果の事後的コントロールという現状の規制緩和政策を再検討しなければならないのではないか。そうでなければ、金融商品の安全性は確保できないままになるからです。製品・サービスの安全性への要求が高まっているのも、多くの重要な規制が事前の届出制度に緩和された結果、モラルハザードがあちこちで起こっているからです。こうした事前の届出制度は、分野の重要性、社会性に応じて、事前の監督制度に転換しなければならない。またコントロールを事後的にしか行なえないものについては、チェックをより厳正にしなければならない。

ボワイエ　以上の金融イノベーションに関する七原則を補足して言えば、金融イノベーションを現場で体現する専門家トレーダー（ウォール街のゴールデンボーイズ）たちの教育についても、見逃すことのできない欠陥が存在している。一般に、これらの専門家たちは高度な知的水準を有しているとされる。理科系、通常、数学あるいは物理学の博士号の取得者である。しかしながらかれらの大学院における高等教育は、確率論のハイテク理論、金融工学の学習にほとんど費やされている。真に金融の専門家として活動する上で不可欠であるはずの社会科学の基礎知識、先に述べたような金融バブルの歴史、あるいはマクロ経済学はまったく教えられていない。これは驚くべきことであり、学問の細分化という現代教育の欠陥のこれほど典型的な例はないだろう。

今後の世界経済

井上　いずれにしても起こってしまった今回の危機は、アメリカ、ヨーロッパ、そして日本にいかなるインパクトを与えるのか。まずアメリカ経済が、再び金融バブルにもとづく景気回復の道を歩みだすとは想定しがたい。金融立国というフォーディズムに代わる成長モデルは、もはや否定されたと言える。では、今後のモデルは、どこに求められるのか。

まずヨーロッパについては、EUレベルでの社会民主主義政策の制度的刷新が求められているように見える。

これに対して、日本の選択は不透明と言える。その象徴とも言えることとして、二〇〇八年七月中旬、日本政府は、まったく異なるシナリオにもとづく二つの白書を同じ日に公表しました。ひとつは、政府の内閣府の『経済白書』で、もうひとつは厚労省の『厚生労働白書』です。前者は、アメリカ発のニューエコノミーモデルこそ依然として日本経済に有効であり、したがって、一九八〇年代までの経済モデルはすべて捨て去るべきという立場に立っています。これに対して、厚労省の白書は、日本経済の再活性化のために、働く人々の雇用を守るべく、従来の日本的雇用慣行を今後も持続すべきと診断しています。そして、こうしたまったく異なる二つの政府内見解を調整することもなく、当時の福田首相は、八月初めに突然、辞任しました。

ボワイエ　アメリカモデルの将来について言えることは、これまでアメリカが世界に対して創案してきたことは、アメリカ的生活様式、フォーディズム、ハリウッドの映画文化というように、極めてプラグマティズムに富んでいることです。つまり、人間の生活に関して新しいモデルを提供することができた。しかしむしろ『ニュー・エコノミーの研究』で述べたように、これからの時代において要求されるのは、人間の世代間における再生産に関わる問題への対応です。その意味において「人間主導型成長」モデルが問われることになります。この新しい成長モデルに関わって、果してアメリカは、二一世紀にふさわしい新たなプラグマティズムを発揮できるだろうか。

ヨーロッパについては、状況は厳しいと言えます。ユーロによって通貨の安定は実現していますが、社会的安定となると、これは別問題です。EU全体が加盟国の拡大を追求するなかで、求心力は不足しています。そのため、今回の金融危機においても、世界的なリーダーシップはとれないでいる。要するに、アメリカを始めとする先進諸国と、新興諸国との板ばさみにある。

日本については、いまのお話のように、ニューエコノミーモデル路線を、いまだに日本政府が公式見解として発表していること自体が信じがたいことです。七月中旬と言えば、すでにサブプライム危機の進行は明らかであり、ニューエコノミー路線の論理的破綻は明白でした。中長期的に見て、日本が一九九〇年代のようなアメリカのニューエコノミー路線を踏襲できる可能性は全くない。そのような条件が全く揃っていないからです。資本市場中心の直接金融システムに向かうのではなく、日本の金融システムが再び産業発展、あるいは国民の生活向上に貢献できるような制度の再構築こそ焦眉の課題です。

今回の危機を受けて、新ブレトン・ウッズ体制の構築を語る人たちが増えています。しかし、一九四四年にスタートしたブレトン・ウッズ体制も、すでに一九四一年の時点からケインズ、ホワイトらによって議論されていたことを想起すればわかるように、新しい国際経済体制など、そう簡単に準備できるわけではありません。したがって今後の国際情勢は不透明であり、アメリカ、ヨーロッパ、アジアという三極体制が中長期的に持続すると考えられます。そしてそこに、中国、インド、ブラジル、ロシア、さらには石油産出諸国など新興経済諸国も台頭してくるはずです。その結果、従来のアメリカ一極型、あるいは先進諸国主導型の世界経済のレギュラシオンは困難になる。多極化する世界経済のレギュラシオンは、今後も波乱含みでしか展開されないということです。

（訳＝井上泰夫、二〇〇八年一〇月二四日／於・福岡）

金融のあるべき姿――対談を終えて

最近、ほぼ十年以上にわたってロベール・ボワイエ氏は、毎年、日本に一定期間滞在して研究調査活動を行うのが慣例化している。ボワイエ氏がアメリカ経済の個別性、特殊性を浮き彫りにするために、学問的、研究的関心から日本経済に強い関心を持ち続けていることは周知の通りである。また、パリでの煩雑な生活から逃れられる外国の出張先でこそ、自分の著作活動が進展するという事情も働いているようである。

今回のボワイエ氏の日本滞在は、アメリカ発のグローバル金融危機の勃発と重なることによって、今までよりも意味深い滞在となった。今回の対談に先立って、すでに同氏は、今回の金融危機を踏まえて五〇ページを超えるフルペーパーを用意されていた。その主要な内容は、対談のなかに十分に取り入れられている。そのうえで、以下において若干の内容上の補足をしておこう。

まず、今回の危機は、マスメディアでは「一〇〇年に一度起こるような危機」ということで、一九二九年一〇月二四日に始まる大恐慌との対比がさかんになされた。だが、今回の危機と一九二九年の危機とは、危機の性格も、危機への対応も大きく異なるというのがボワイエ氏の見解である。

第一に、危機の原因が異なる。一九二九年の恐慌において、株式バブルは、蓄積体制の不均衡を増幅させただけであり、基本的に、生産と消費の不均衡に由来する蓄積体制の危機であった。これに対して、今回の危機は、金融イノベーション発の金融危機が原因であり、それが実体経済に対してもネガティブな影響をグローバルに波及させている。

第二に、危機への対応においても、二つの危機ははっきり異なる。一九二九年恐慌当時の過ちが繰り返されることはもはやない。現在、各国の中央銀行は、互いに協調しながら「最後の貸し手」として積極的に民間市場に資金供給することを通じて、金融システムを下支えしている。その結果、極端な景気後退とデフレ的状況はともかく回避されている。

だが、その代価として金融緩和の持続は、新たなバブル的状況を醸成し続けることにもなる。市場万能主義を謳歌してきたアングロ・サクソン諸国の政府が相次いで巨額の政府資金を金融機関の救済のために出資していることにも、過去の危機との大きな違いがある。さらに、資金供給だけでなく、大手金融機関の国有化が、イギリス労働党政権によって実現していることも極めて逆説的である。新生イギリス労働党のバイブルである「第三の道」とは、まさしく伝統的な国有化政策との決別ではなかったか。現在のFRB議長、ベン・バーナンキが、この点について「今回の金融危機において、もはやイデオローグたちはいなくなった」と述べているのは、大変象徴的なことである(『ニューヨークタイムズ』二〇〇八年九月二二日参照)。

また今回の危機では、その原因となった直接金融のあり方が問われることになった。金融自由化の潮流のなかで、資本市場を中心とする直接金融のシステムこそ、アメリカ発のニューエコノミーを実現するための必要不可欠の金融制度であるとして、世界中でその導入が推進された。日本においても然りであり、旧来の間接金融の柱だった日本型のメーンバンク制度も、この文脈のなかで否定された。

だが、今回の金融危機は、あるべき金融システムについて再検討の機会を作り出している。ボワイエ氏との対談でも言及されているように、間接金融と直接金融とは、単に前者が時代遅れであり、後者だけが将来の可能性を有している、といった解釈で済まされる問題ではない。間接金融は、今日の経済社会においても、十分に生き残る基盤を有している。日常的な顧客との持続的接触というその形態には、直接金融にないメリットもある。その意味において、かつてのメーンバンク制度もたとえば対中小企業融資では十分存在理由がある。ともかく直接金融だけが今後の金融システムであるという信仰だけは相対化すべきであろう。

なお、この対談は、ボワイエ氏の四ヶ月に及んだ日本滞在が終わる直前、一〇月二四日に行われた。そのとき、同氏は、「今、EU委員会からの依頼で、将来の金融システムについてレギュラシオン理論の観点からレポートを用意しているところだ」とその草稿を筆者に垣間見せてくれた。ここにも、資本主義理解をめぐって批判的経済学にありがちの宿命論に陥らず、政策的立場を忘れない同氏の学問的スタンスが如実に表明されていた。

（井上泰夫）

8

「信用」とは何か?

——工学的に処理できない経済の主観的基盤——

松原隆一郎

日本の資産バブルと「改革」によるハードランディング

――今回の危機をどう捉えられていますか？

日本のバブルと比較するとすれば、今回、破綻したバブルには、共通する点と異なる点があります。

まず日本のバブルは、典型的な資産バブルだったと言えます。しかも、いわゆるバブルの時期だけではなく、戦後長らく、地価は高いままバブルが続いていた。

なぜかと言えば、金融機関に対する信頼が厚かったからです。それも、どこの銀行が信頼できるというのではなく、銀行システム全体を皆が信頼していた。だからこそ銀行も、BIS規制などからすれば、低い自己資本比率でも、お金を貸し続け、皆が銀行からお金を借りることで土地を買い、地価も上がった。そういう時期に金融自由化が行われ、カネあまりの状態になり、地価がさらに上昇し、土地以外の資産にもカネが流れ、資産価格が上昇した。これが日本のバブルの構造だった。

ところが、バブルが反転しかけたその時期に、たまたまBIS規制（国際的に活動する銀行に対する自己資本比率規制）がかけられてしまった。これもあって、バブルは崩壊したのだと思います。こんな規制がない間は、低い自己資本比率であっても日本の銀行は信頼されていたのに、法的な規制がかけられてしまった。つまり、銀行は自己資本比率については各行が自由に決め、そのかわりに金融行政上の指導や（護送船団方式という）慣行に服していたのが、ＢＩＳ規制と金融自由化に置きかえられたのです。

ある程度、金融自由化はやらざるを得なかったし、ＢＩＳ規制もいつかは服さざるを得なかった。ただそれも、信用にかかわる問題だけに、本来は、よほど慎重に変えていかなくてはならなかった。もしソフトランディングできていれば、その後の状況は全く異なっていたはずです。ところがそれに失敗して、一気にシュリンクした。バブル崩壊自体が、ソフトランディングの失敗を意味しています。実際、急激な信用収縮が起きて、つぶれる必要がない企業までつぶれてしまいました。

「ババを引かない」ための金融工学

今回、アメリカで起きたことも、基本的には同じ構図です。ただ異なるのは、日本では融資できなかったような人にまで、無理にカネを貸すことで事態をさらに悪化させたことでしょう。これは、ほとんど「ババ抜き」の世界でした。いかにババを引かないようにするかというゲームで、金融工学というのは、要するに、いかにババを引かずに済むかというテクニックでしかなかった。しかも、それを商品化して世界中に売りさばいてしまった。ですから、日本のバブルの場合には、どこどこの銀行にどのくらいの不良債権があるか、ということが比較的見えていたのに、今回の危機では、リスクが細分化されてばら撒かれたために、一体、どこにどのくらいの不良債権があるのかが、危機が起きた後も分からず、そしてそのこと自体が、さらなる疑心暗鬼を生み、信用収縮が急速かつ大規模に生じてしまった。日本であれば、信用創造は銀行だけが行っていたのに、今回のケースでは投資銀行がこれを大々的に行ったことで、より深刻な危機になってしまったのです。

そしてこの間、政府の経済政策のあり方としても、財政政策よりも金融政策を優先する動きがありました。とくにマネタリズムの新自由主義が登場してから、そのように主張されるようになった。要するに、景気が悪化したら金融を緩和すればよい、という話です。しかし、この金融政策だけでうまくいくという認識自体が事実誤認でした。グリーンスパーンにしても、バーナンキにしても、日本のインフレターゲット論にしてもそうです。マネーサプライが増えれば、物価は上がるといっても、実際、そうなっていない。人々が財の売買のためには貨幣を求めていないのだから当然です。中央銀行が管理できるのはマネタリー・ベースまでなのに、それが分かっていない。金融政策に過度に期待をかけたこうした政策こそ、いまアメリカで起きていることにしても、事態をさらに悪化させた要因の一つです。この点は、はっきりさせておかなくてはならない。

ただ、証券化なり、レバレッジをきかせること自体は、モラルの問題というよりは、金融における、言わば「技術革新」です。技術革新というのは従来とは異なる新しい分野の出現を意味するのであり、初めから規制を超えているわけで、もともと規制を超えているものは、原理的に規制のしようもない。

日本でも、ホリエモン（堀江貴文）の夜間取引が問題になりましたが、あの時点では明確なルール違反とは言えなかった。株式の分割もそれ自体、はっきりと禁止されていたわけではない。ルール上は、グレーゾーンだった。このグレーゾーンを取り締まれるかどうかは、簡単に済む問題ではない。

今回の危機で問題になったアメリカでの金融の技術革新も、グレーゾーンをどんどん大きくしてしまうような性質のものだった。権限も人材も十分なアメリカの監督機能は、日本よりもしっかりしていたはずです。しかし、ルールが技術革新に追いつかないのであれば、これはどうしようもない。そのうえ規制が緩和されたため、「ババ」が一気に増えてしまった。いずれにせよ、こんな事情で、今回、危機の規模が大きくなったことは間違いなく、新たな技術革新に対応しつつ、公平なルールをいかに築くかが今後の課題となります。

三％の金利差という日米間の謀略？

日本のバブルとの違いとしては、やはりアメリカが基軸通貨国であることも大きい。

そして、日本の政策金利（無担保コールレート）は常にアメリカの政策金利よりも三％低い、という状況が九〇年代前半から続いてきました。アメリカの貿易赤字からして、本来は、ドル安の圧力がかかるはずで、それが起きなかったのは、マーケットの論理からすれば、あり得ない。まさにマーケットに逆らうかのように、日米の金利差が維持され、日本はアメリカの国債を買い続けた。そこには、何らかの日米間の結託構造があったのかもしれません。今回のアメリカの政策金利の誘導目標がゼロ金利近くまで下がったので、久々に逆転しましたが。こんな歪なことをしたために、円キャリートレードのような異常事態も起きてきました。アイスランドの例を見ても、その歪さは一目瞭然です。

野口悠紀雄さんなども、サブプライム・ローンが今回の問題の中心ではなく、日米の金利差と日本によるアメリカ国債の買い支えという構造がもはや維持できなくなったために危機が生じた、という趣旨のことを述べていて、僕も基本的にこうした構図があると思います。

その意味で、今後、信用恐慌の後に、ドルの危機にまで至るかどうかが最大の問題となります。日米の三%の金利差というのは、それ自体、言わばバブルだったのです。これがすべて是正され、マーケットの均衡点に至れば、一ドル七〇円くらいになるのかもしれない。当然そうなれば、外需頼みの日本企業は多大な痛手を被ります。実際、二〇〇三年以降の日本の景気回復も、輸出主導によるものでしたが、こうした回復もすべてちゃらになってしまう。それどころか、このままではもっと酷い状況になってしまうでしょう。

内需拡大以外にない

——以前は、貿易不均衡の問題が、日米間でも盛んに問題にされていたのが、ある時期から急に耳にしなくなった気がします。

ですから内需拡大をすべきなのです。それは、簡単なことではないかもしれないが、これしかない。そうでない限り、「アメリカの属国」であり続けざるを得ない。日米は、非常に不健全な形で互いに相互依存してしまっている。この状態から日本が少しでも自立しようと思うのなら、必然的に内需拡大しかない。

日本の需要は、高度成長期には民間投資が引っ張った。そして高度成長後の一九七〇年代後半には公共のサービスや投資が引っ張った。ところが一九八〇年代になると、それも息切れして、財政赤字が悪化し、にっちもさっちもいかなくなった。そんな時に、欧米で日本車などが一気に売れ始めたのです。実は、日本の経済構造の問題は、その頃から基本的に変わっていない。生産に比べ、日本の総需要が小さいという構造そのものをどこかで変えなければならなかったのに、それがいまだにうまくいっていない。これこそ、日本経済の最大の問題です。

本来は、国の経済全体を引っ張っていく大企業こそ、内需重視に向かうべきだった。なのに大企業ほど、外ばかり見ている。「国際競争力がある」ということは、どこでも売れる商品をつくることでしかない。しかし、個別の要望に合わせて異なるものをつくるのが本来のサービスです。顔の見える消費者を相手に商売をして、その消費者とのつながりを期待して、やりがいを持つ。それこそ本来の商売のあり方です。また実際、そうでなければ、商売としても脆いのです。輸出主導の経済のあり方がいかに脆いかは、今回の円安ですでに明らかになっているところです。

内需拡大、つまり消費を増やせと言うと、「もう消費なんて要らない」と言う人がいます。もちろんそれでも構いませんが、その場合は、経済規模が小さくなること、生活水準が低下することを覚悟しなければならない。突き詰めれば、消費を増やすか、給料を減らすか、いずれしかないのです。もし今の経済規模と生活水準を保ちつつ、もっぱら外需頼みの経済の脆弱性、不健全性を正そうとすれば、国内の消費と投資を増やす以外にない。

では、なぜ内需が拡大しないのか。それは、人々の生活上の不安を取り除き、安心して投資なり消費なりができるような社会基盤ができていないからです。

これまで公共投資は、ダム、港、道路といった供給力を伸ばすための生産インフラ整備だった。しかし、この方向でこれ以上投資しても、供給と需要のギャップが開いていくばかりです。つまり、供給ではなく需要を伸ばすような公共投資に転換しなくてはならない。ところが、例えば医療にしても、これだけ医者不足が問題になるなかで、さらに医者を減らすような方向に向かっている。これが、いわゆる「構造改革」です。需要を伸ばすどころか、生活上の不安をさらに増幅させている。

――例えば、少子化という現象に、若い世代の将来への不安が示されています。逆に言えば、こういうところに需要を伸ばす余地がある、ということではないでしょうか。

将来に対して安心できないからこそ、子供を持つことに経済的に不安を覚えているわけですね。それが少子化につながっている。また誰も守ってくれないということで、個人は無理をしてまで貯金をする。カネにすがるしかない、というわけです。日本の高い貯蓄率こそ、人々の将来への不安を示しています。つまり、こうした将来への不安こそ、日本の総需要を収縮させているわけです。ですから内需を拡大するためには、そこまで無理をして貯金をしなくても、ある程度、安心できるような仕組みをつくっていかなくてはならない。これこそ国家がなすべきことです。

不安を増幅させる財政赤字と年金制度

ところが累積する財政赤字が、人々の将来への不安をさらに増幅させています。「財政再建」が叫ばれながら、一九九〇年代以来、二〇年近く、日本は財政赤字を加速度的に増やしてしまった。とくに財政赤字が問題になった一九九七年、橋本構造改革ということで、消費税が三%から五%になった。ところがこの時、突然、金融危機が起き、拓銀や山一が破綻した。それで小渕政権がバラマキをやり、その後、二〇〇一年からは小泉構造改革になるわけですが、ところがここでも「小さな政府」というキャッチフレーズとは裏腹に、実は財政赤字は累積していった。それ以前の「財政がよくない」と言われた時期の方が、よほど財政は健全だったのです。今の麻生首相がやろうとしているカネを国民に配るというバラマキなどは、呆れるほかありません。

――今の構造がそのままであれば、そのカネも貯蓄にまわるだけですね。

そうです。もし限られた制約のなかで政府が支出するのなら、少しでも、人々の不安を解消するような使い方をしなければならない。石原都政にしても、全く無意味な銀行をつくり、数百億円を投入せざるを得ない状況に陥っている。しかし、あれだけの資金があれば、いやそれどころかその何分の一でもあれば、この前の妊婦だって助かっていたはずです。「景気対策」という名の下に、しかし実際は全く無意味でしかない公的支出のために、財政がより悪化する、という悪循環に陥っています。

人々の将来への不安を軽減するという意味では、年金システムこそ重要になるわけですが、実は、これも、そもそもの仕組み自体に無理があると言えます。

税金は豊な人から貧しい人に一部を再分配するシステムであるのに対し、年金は、若者から年寄りに再分配するシステムになっている。しかし、世代によって経済情勢は大きく異なるわけで、これでうまくいくはずがない。豊かな老人をも貧しい若者が支えている。そもそもこれを「社会保険」として考えれば、同世代のなかで、たまたま早く亡くなった人から、たまたま長く生き残った人に再分配する仕組みであるべきなのです。その「たまたま」という偶然性に対する保険であるわけですから。これを年齢で仕切ってしまうからおかしくなる。少子化が起これば、すぐに崩壊することは目に見えています。

ですから若い人から見れば、本来、安心を与えるはずの年金システムが、不安を増幅させるものにしかなっていないのです。

「小さな政府」という言説のまやかし

「小さな政府」という言説も、大いなるまやかしです。そもそも「小さな政府」などあり得ない。政府の大きさには適正な規模があるだけで、それを割り込むとかえって後に大きな政府になってしまう。アメリカにしても、今回の危機に際して、あれだけの公的資金を注入しているわけで、すでにして「大きな政府」です。そして、この間、官僚の仕事を減らせば、「小さな政府」を実現できると言われてきたわけですが、この認識こそ根本的に誤っている。

金融行政も、事前の行政指導から、事後的にルールで取り締まるという方向転換をしました。ところが、ホリエモンや村上ファンドを捕まえたのは、特捜です。本来は、金融庁が捕まえるべきなのに、おかしいでしょう。しかも、あの時期、似たようなことをやっていた人は他にもいくらでもいた。「なぜ特捜が出てきて、なぜ特定の人間だけを捕まえるのか。国策捜査だ」と彼らは抗議したわけですが、その通りだと思う。なぜこうなったかと言えば、端的に人手が足りないからです。

そこで「見せしめ」的に特定の人間を取り締まった。これは、ルールに基づいて事後的に取り締まるシステムなどではない。それどころか、その不公平性、恣意性において、以前の事前の行政指導よりもたちの悪いやり方です。

「民営化」で解決するわけではない

――ただ、公的機関の非効率性、官僚や公務員の労働意欲やモラルの低下という問題は無視しえないようにも思うのですが。

とくに年金などはそうですが、官庁がでたらめをやってしまったことは事実です。ただ、それも、いかに官庁に本来の公共サービスをやらせるかという問題であって、民営化すれば解決するといった問題ではない。民営化というのは、ある一つの手段にすぎない。そこを履き違えた議論が罷り通っています。

郵政にしても、ただ民営化すれば済むという問題ではなかった。民間だって偽装したり、ひどいものです。市場化でモラルが上がるというのは幻想です。もともと公共部門が担わざるを得ないような分野もあります。その前提のなかで、いかに改革していくかという議論にもっていかなければならないのに、そうなっていない。モチベーションを上げる必要があるのなら、情報公開をするなり、民間に出向させるなり、それぞれの現場にふさわしい工夫こそなされなければならない。もちろん、なかなか難しいケースもあるはずですが、だからといって、民営化ですべて解決するわけではない。

社会関係資本と市場

いま日本経済に求められているのは、むしろ土地、雇用、金融といった生産要素のあり方の再編です。「構造改革」とは、これらの問題を、いわば、単にマーケットの論理を適用することで「改革」しようとするものでした。ところが、こうした生産要素は、いずれも完全には商品化し得ないものばかりです。まず労働力は完全な商品になり得ない。貨幣も信用や信頼に関わり完全な商品にはなりにくい。土地も大いに公共性を帯びている。要するに、その背後に、人と人や人と自然の関係が存在している。そしてどんなマーケットも、そうした社会関係資本と関わって存在している。ですからマーケットの論理を適用するだけでうまくいくはずはなく、そんなことをすれば、むしろ事態をより悪化させることにしかならないのです。

人が人を信頼するその仕方は、国によって、地域によって、文化によって異なってきます。ですから、土地をめぐる規制も、労働をめぐる規制も、金融のあり方も、皆、異なって当然です。

例えば、日本の地方銀行にしても、取引先の企業について、親族関係まで調べ上げている。そういうことを知らずに機械的に審査などできないからです。要するに、人間同士の関係のなかで行われていることにすぎない。

――すると、BIS規制のような国際基準を当てはめること自体に、無理がありますね。

そうです。日本の金融の特異なあり方だったとも言えますが、この基準からすれば低い自己資本比率であっても、銀行はカネを貸し出し、人々も銀行を信頼していたわけで、そこに何ら問題は存在していなかった。ですから、銀行という間接金融主体の日本の金融システムをつぶすためにこの規制が導入された、という言い方も、あながち間違ってはいないのかもしれません。

とはいえ、従来の間接金融主体の金融システムにも、現在の産業構造の変化に応じて、再編が必要な部分もある。というのも、従来の産業構造は、売り手市場とマスメディアを前提とするシステムであって、現在は、消費者優位の買い手市場化が進み、メディアもパーソナルメディア化が進んでいるからです。それに応じて土地や労働も規制を改革する必要はあるのでしょう。土地、労働、資本は、ストックの見込み価値が担保として審査の対象になるので、産業構造が変われば信用のあり方も変わります。

土地については、本来、公共性を帯びているのに、とくに戦後、「土地は私有物」ということで、景観が破壊されました。景観法などもできましたが、この景観をいかにつくっていくのかが、今後、大いに問われてくるはずです。例えば、京都でも景観論争が起こり、当初、財界は「すべて解体した方が景気がよくなる」などと言っていましたが、結局は市場化せずに、ある程度、古いものを残すことに成功した。その結果、いま京都は、史上最高の観光ブームです。しかし、東京を始め大部分の地域では、僕に言わせれば、ほとんど無策に等しい。このあたりを変えていかなくてはならない。

雇用については、派遣社員や契約社員を認めて流動化させるのなら、それに応じて、産業別の労働組合がなければおかしい。ところが、日本は、企業別の労働組合だった。労働市場が流動化しているアメリカでは、産業別の労働組合があり、流動化するなら、同時にその受け皿も用意しなければならない。それもなしに、いきなり市場化してしまうのは、めちゃくちゃです。少なくとも流動化させるのなら、労働者の最低限の権利を守るために、どういう仕組みをつくるのかを考えなければならない。この場合の「流動性」は、単に「企業にとっての流動性」にすぎないのですから。メーカーが派遣労働者との契約を切っていることが問題視されていますが、派遣社員の雇用保険には派遣会社が入るべきではないでしょうか。

「搾取」というマルクスの概念自体は、間違っていますが、ただ搾取という、そういう発想はあり得ると思う。つまり、株主だけがもうかるシステムも労働者だけがもうかるシステムも、いずれもおかしいのであって、分配を資本に大きくするのか労働に大きくするのか、その配分比率は、大いに議論すべき問題だからです。

格差問題とは何か

格差が広がったという話にしても、格差が本当にあるかどうかは、データを見ても、実は、まだよく分からないところがある。ただ格差が広がったという感触をみんなが持つようになったことが問題です。

例えばアメリカであれば、この程度の格差は問題にならない。流動性があるからということでアメリカでは問題にならない程度の格差が、逆に日本では問題になることもあり得る。

要するに、格差ではなく、格差「感」こそ問題なのです。だから当然、そこではその国や文化の価値観が問題になる。世界一律に云々できる問題ではないのです。ただ、日本社会に、どの程度の格差なら許容され得るかという合意は、まだできていないように思います。

――『蟹工船』ブームなどは、どう受け取られていますか?

僕自身は、もう一〇年ぐらい前から、世界が『資本論』の世界になりつつあるのに、こういうときにマルクス経済学者が廃業してしまっているのは異常なことだと感じていました。

それにしてもおかしいのは、例えば、一九七〇年代、あの頃は、いまと比べれば、中流階層が存在して、会社も株の持ち合いなどをやっていた。株の持ち合いとは、利潤の配当をしないことであって、要するに、労働者が資本家を搾取していたとも言えます。こういう時期に、マルクス主義を唱えていた。全くの倒錯です。それを言うなら、今こそ言うべきなわけですから。

信用という主観の重要性と工学的処理の限界

ただ金融問題にしても、土地問題にしても、労働問題にしても、いずれも、それぞれの地域や分野の制度や慣習に関わっていて、「これですべてうまくいく」といった万能な解答が出せるようなものではない。

それに対して金融工学とは、自然科学のようにどこでも普遍的に通用するような解答があるという前提で金融を考えることです。しかしそんなモデルで捉えられないような事態になっているからこそ、今のような「危機」がある。つまり、大元の信頼や信用が崩壊して計算が成り立たないのです。そして、実は、その信頼や信用というものは、極めて主観的なものです。

例えば、山一証券の廃業は、大蔵省自ら護送船団方式を放棄するという、アナウンスとして機能しました。あれで一気に金融危機に向かっていきました。逆に、二〇〇三年のりそな銀行への公的資金を注入をきっかけに銀行株が一律に上がった。つまり、公的資金の注入が、ある種、護送船団方式の復活と受け取られ、これで「日本の銀行株は大丈夫だ」ということになり、銀行株が買われることになった。こうした不安や信用も、あくまで主観的な印象、イメージなのです。

ですから、公共投資にしても、その効果を計算しても実はあまり意味がない。むしろ壊れてしまった信頼や信用をいかに回復するかが重要となるのです。

——経済は民間中心と言っても、そういう安心を与えられるのは、最後は国家だけですね。

最終的には国家しかない。国家はふだん要らないときに出てくるのはよくない。ただ危機的なときには国家が出るしかない。

主観的次元の信頼や信用が壊れてしまうと、マーケットは正常に機能しなくなります。この時、その大元の信頼や信用を回復することにこそ国家の役割がある。ですから、これには、客観的にこうやればうまくいくといったメカニズムがあるわけではない。やはり工学的に処理できるようなものではなく、人文社会科学的な知識を元に、そういうシステムをつくっていくしかない。

経済は、一見、工学で処理できるような世界に見えるけれども、実はそうではない。工学的処理というのは、狭義の「金融工学」に限りません。経済学自体が非常に工学化しました。官庁エコノミストなども、コンピューターを使って計算すれば解が得られるといった思い込みに囚われている。ところが、そのようには制御できない信頼や信用が経済には必ず付随しているのです。むしろそういう信頼や信用こそ、経済活動を根底から支えている。

これは経済学説史を繙けば、最初から出てくることです。ヒュームから、スミスとスチュアートへと二つに分かれる流れがありますが、一方は自由主義で、一方はある程度の管理が必要だと言っている。要するに、この話がずっと繰り返されているだけです。その際、そのルールや倫理も、主観的な世界に関わるものであって、その処理の仕方は、当然、国や文化によって異なってくる。ヒュームも、経済を自然科学的に捉えることの限界を考え、認識には根底がない以上、慣習によって調整するしかないという結論に至った。スチュアートは、こうした議論をさらに徹底させています。

いずれにせよ、こうした根本的な問題は、経済思想の歴史の最初から議論されている。しかも、いまだに何も決着はついていない。こうした歴史を踏まえずに、金融工学やモデルで経済問題を分析し、解決できると考えるのは、あまりに無邪気すぎます。

貨幣という主観的存在

例えば、抽象的、数学的、工学的に扱えると思われがちな貨幣そのものからして、主観的な存在なのです。貨幣は、我々がその存在に信頼を寄せるかぎりにおいて存在します。逆に言えば、貨幣の存在に客観的な根拠はない。ヒュームの言葉で言えば、これが慣習です。

だからこそ国家が力を持ったりすることもあり得ます。ところが国家が常に正しく振る舞うとは限らない。ただ同時に、民営化すればよいということでもない。不完全なものであることを前提に、様々なものをより合わせて、どう調整していくかが問われているのです。

——先生が『毎日新聞』(二〇〇八年一一月九日付)の書評で取り上げられた小社刊『ケインズの闘い』の著者ドスタレール氏も、経済思想史の専門家です。今日のお話でも、経済思想史の大切さを実感しました。今日の経済学の教育では必ずしも重要視されていないようですが。

あの本は、通常のケインジアンが、いわゆるケインズ的政策をめぐる計量分析にしか関心を示さないなかで、「ケインズにとって経済学は社会的、政治的なものから切り離せない」という視点からケインズを描いていてとても面白いものでした。

経済思想史の重要性というのは、おっしゃる通りです。ただ今は、それがあっても新古典派ですべて終わってしまうような経済思想史ばかりです。昔は、マルクス派ですべて終わるような経済思想史でしたが……。

(二〇〇八年一一月一八日/於・阿佐ヶ谷「ひねもすのたり」)

9 「銀行を救え！」という見せ物
――誰にとっての「危機」なのか？――

アラン・バディウ

藤本一勇訳

「銀行を救え！」というカタストロフ映画

私たちが見せられている地球規模の金融危機は、今日「映画産業」と呼ばれる、出来合いのヒット作の製造工場が吐き出す粗悪な映画によく似ている。すべてが揃っている。徐々に進行する破綻のスペクタクル、巨大な操り糸がうごめくサスペンス、同じもののエグゾティスム――ニューヨークと同じ困難にあるジャカルタ株式市場、モスクワからサンパウロへ引かれた対角線、同じ銀行たちを炎上させる同じ火事――、恐怖に陥れるストーリー展開。いやはや、入念に練られた「筋立て」でさえ、暗黒の金曜日を防ぐことができずに、すべてが崩壊する、崩壊しつつある……。だが希望は残っている。有力者たちの小さな集団、通貨の消防士たちが、カタストロフ映画の登場人物よろしく、逆上したり精神集中したりして、舞台の前面に登場する。サルコジ、ポールソン、メルケル、ブラウン、その他の〈いかさま師〉たちは、何十兆もの金を中央の〈穴〉に投げ込む。連中はそんな金を一体どこから捻出したのか、と人々は後で首をひねることだろう（これは来たるべき連載小説のネタである）。なぜなら、連中はこの数年、貧しい人々のささやかな要求に対して、ポケットを裏返して見せながら、金は一文もないのだ、と答えていたのだから。さしあたり、その話は置いておこう。「銀行を救え！」――この人道主義的、民主主義的な高貴な叫びが、すべての政治とメディアのふところから沸き起こっている。何が何でも（＝どんな金額を支払ってでも）銀行を救うのだ！

なんともぴったりの表現ではないか。というのも、その金額たるや何でもないどころのさわぎではないのだから。

私は告白せざるをえない。私自身、流されている数字を見て、ほとんどすべての人たちと同じように、その数字の意味を想像できず（十四兆ユーロとは正確には何だろう？）、信用することしかできない。私は消防士たちに完全に任せる。消防士たちは一致団結し、現場に到着するだろう（そのことは知っているし、その気配もある）。銀行は以前よりももっと巨大にさえなるだろう。中小の銀行は、とりあえずは国家の奉仕精神による救済でなんとか生き延びたとしても、その後、もっと大きな銀行にただ同然で売られることになるだろう。資本主義の崩壊だろうか？　お笑い種だ。それに誰がそれを望んでいるだろうか？　さらに、誰が資本主義の崩壊の意味するところを、あるいは意味するかもしれないところを知っているだろうか？　銀行を救おう、と言うのだが、その続きがあるのだろう。映画の直接の俳優たち、言い換えれば、金持ちとその召使たち、その寄生者たち、金持ちをうらやみ、お世辞を言う者たちにとっては、今日の世界とそこで展開されている政策を考えると、ハッピーエンド（おそらくは少し物悲しいハッピーエンドだろうが）が必要だ、というわけである。

現実は映画館の方にある

私たちとしては、むしろこのショーの観客たち、呆然とした群集のほうに目を向けよう。彼らは漠然とした不安を抱き、事態をほとんど理解できずに、状況のなかで一切の能動的な関与から完全に切り離されている。追い詰められた銀行の最後の声を遠くの喧騒のように聞き、政府首脳たちの輝ける小集団が過ごす疲労困憊の週末を推察し、天文学的で不明瞭な数字の乱舞を眺め、それを自分たちの財力と無意識のうちに比較する。あるいは、人類の大多数にとっては、彼らの生活の苦々しくもけなげな基盤となっている純然たる無‐財力と比較する。現実はそこにこそある、と私は言おう。そしてこの現実に私たちが接近することができるのは、スペクタクルのスクリーンから身を引き離し、不可視の大衆を考慮することによってのみである、と。いまある生活よりもさらに悪いところへ転がり落ちようとしているそうした人々にとって、カタストロフ映画は、その甘ったるい大団円（サルコがメルケルと抱き合い、皆が喜びに涙する）も含めて、もはや影絵芝居でしかなかった。

この数週間、よく「実体経済（レエル）」（財の生産と循環）とか、悪の発生源である経済――どう言えばいいのだろう？　実体なき（イレエル）経済？――とかが話題になった。「実体なき経済」の行為主体たちは、株式や証券化や貨幣といった形なき塊のなかで、その貪欲さ、それからパニックにとり憑かれ、「無責任」・「非理性的」になり、「略奪者」になってしまったなどと言われる。だがこうした区別はばかげているし、概して、その区別を主張した当の口によってすぐさま論駁される。というのも金融の流通と投機をモラルの喪失として語ったすぐそばから、人々は心の比喩とは正反対の比喩を使って、経済の「血なまぐさいシステム」などとも言うからである。心と血を身体の生きた現実から抜き去ることができるとでもいうのだろうか。金融の心筋梗塞は、経済全体の健康と無関係だというのだろうか。もちろん金融資本主義は、いくつかの点で、ずいぶん前から——すなわち五世紀前から——、資本主義一般を構成する中心的な部品である。このシステムの所有者たちや推進者たちは利益にしか「責任」を負わないのであって、彼らの「理性」は損得によって計量される。彼らは略奪者であるというだけではなく、略奪者であるように義務づけられてもいるのだ。

したがって資本主義的生産の船倉において、商人のフロアと投機のボックス室ほど「実体的（レエル）」なものはない。そもそも、それらは現実（レエル）を腐敗させるものだ。それらの仕掛けによる生産物は利益にのみ整序され、またこの利益から派生する最速にして最大の分け前である投機にのみ整序されているのであって、そうした生産物はその圧倒的大多数が醜く、邪魔で、不便で、無用なものであり、反対の人々を説き伏せるために、すでに膨大な金を浪費しなくてはならない。そこにあるのは、反対する人々なんぞ、次々とおもちゃを取り替えていく気まぐれな子ども、永遠の若者に変えてしまえばよい、という発想である。

もちろん現実への回帰は、「非理性的」な悪しき投機を聖なる生産へ導く運動ではない。それはこの世界に暮らすすべての人々の生——直接的でありながら反省された生——への回帰の運動である。この運動から出発してこそ、くじけることなく資本主義を——それが最近私たちに押し付けているカタストロフ映画をも含めて——観察することができる。現実は、そのような映画ではなく、映画館のほうなのである。

金融危機の本質は住宅危機である

このように身を引き剥がすことによって、あるいは向き直ることによって、何が見えてくるのだろう？　空虚の軽い不安――私たちの主人どもはこの不安を利用して、私たちが彼らに銀行を救済するよう懇願することを期待している――から身を引き離すことに成功するとき、何が見えてくるのだろう？　見えてくるのは、ずいぶん前から周知の単純なことである（見えるとはそういうものだ）。すなわち、資本主義とは強盗であり、その本質において非理性的であり、またその生成において略奪的であるということである。資本主義が、その数十年という短い、野蛮なまでに不平等な繁栄を手に入れるために、人々に課した支払いはいかなるものだったか。天文学的な額の株価が消滅する経済危機、資本主義が戦略的に重要だと判断した地域、あるいは脅威だと判断した地域のすべてに血生臭い討伐隊を送り込むこと、資本主義が健康を回復するための世界戦争の数々、こういったものである。これこそ、クライシス映画への転倒したまなざしのもつ弁証法的な力である。なに？　そうしたまなざしである人々の生活に直面しても、まだあのようなシステム、すなわち集団生活の組織活動を貪欲、競争、機械的エゴイズムといった、もっともレベルの低い衝動へ投げ返すシステムを、自慢しようというのか？　マルクスもびっくりするほど、指導者たちがあまりにものうのうと財産の私的独占行為の奴隷となっている「民主制」を称賛しようというのか？（もっともマルクスはすでに一六〇年前に、政府とは「資本権力によって基礎づけられたもの」だと定義していたのだから、いまさら驚きはしないだろうが。）社会保障の穴を埋めるのはできない相談だが、銀行の穴は何十億だろうが顧みずに埋めなければならないのだ、そのことを一般市民は「理解」せよと、あくまでも言うのか？競争によって困難に陥った工場（何万人もの労働者が働いている工場）を国有化しようとはもう誰も考えないのに、投機が破産に追いやる銀行のためだったら国有化も当然と、神妙に同意しなければならないのか？

今回の事件において、現実は明らかに危機の上流にある。そもそも、ああした金融のファンタスマゴリー全体はどこから来たのか。端的に次の事実からである。すなわち、財力をまったく持たない人々に、奇跡のような信用貸しをちらつかせて、瀟洒な家を強引に売ったからである。それから、こうした人々の返済証書を、カモフラージュした麻薬を作るときのように、金融証券に混ぜ合わせて転売したからである。その金融証券の成分は、数学者たちの一団の作業によって分かりづらく不透明なものにされてしまった。そのようなもののすべてが次々と転売され、値をつり上げられて、もっとも遠方の銀行へと流通していったのだ。たしかにこの流通の物的担保は家だった。しかしその担保の価値が下落し、債権者が返済要求を強めることによって、家の購入者たちが借金を段々と払えなくなるには、不動産市場が反転するだけで十分だった。そしてとうとう、購入者たちがまったく返済できなくなってしまったとき、金融証券のなかに忍び込んでいた麻薬の毒が完全に証券にまわってしまったのだった。証券はまったく無価値になってしまった。それは一見したところドローゲームのように見える。投機家は賭けに負け、購入者たちは家を失う（そして彼らは穏やかに排除される）。しかしこのドローゲームの現実はいつものように群集の側に、普通の人々の生活の側にある。要するに、自分の給料では（あるいは給料がない状態では）、もはや住居をもつことが絶対に不可能な何千万人もの人々が存在するという事態に、すべての原因はあるのだ。金融危機の真の本質は住宅危機である。そして住居を持てない人々は、絶対に銀行家ではないのだ。つねに人々の生活に立ち戻る必要がある。

資本主義のスペクタクルと「コミュニズム」

今回の事件で望みうる唯一のことは、こうした現実が、できるかぎり危機の下流にも見出されるようになることである。すなわち、この陰鬱な光景全体から民衆が引き出す教訓——銀行家、銀行家に奉仕する政府、また政府に奉仕する新聞などが引き出す教訓ではない——のなかに、見出されるようになることである。

私は現実のこの回帰について、連結した二つの水準を見る。

第一の水準は明らかに政治的なものである。今回のカタストロフ映画が映し出したように、「民主制」政治は銀行に奉公する部局でしかなく、その本当の名は資本制的議会主義である。であれば、この二十年の多数の実験がすでに開始していたように、完全に異なる性質をもつ政治を組織したほうがよい。この政治は国家権力からかなり遠いところにあるし、おそらく今後も当分そうだろう。だがそんなことは大して重要ではない。この政治は、それを発明するのに即座に動ける人々の実践的同盟によって、現実のぎりぎりのところで始まるのだ。この実践的同盟を築く人々とは、アフリカやその他の場所からやってきた新しいプロレタリアートであり、この数十年の政治闘争を受け継ぐ知識人たちである。その政治は、それができることに応じて、一点一点、拡大していくだろう。それは既存政党や、既存政党の生命線をなす選挙や機構といったシステムとは、いかなる種類の組織関係も持たないだろう。それは、何も持たない者たちの新しい規律を、彼らの政治能力を、彼らの勝利と呼びうるものについての新しい発想を、発明するだろう。

　第二の水準はイデオロギー的なものである。「イデオロギーの終焉」に私たちは立ち会っているというような古臭い評決をひっくり返さなければならない。今日私たちの目にはっきりと見えているのは、そのように主張された終焉の実態とは、「銀行を救おう」というスローガンでしかないということである。さまざまなアイディアを考え出そうとする情熱を取り戻し、現にある世界に対して、全面的な仮説を、事態のまったく別の流れについての先駆的確信を突きつけることほど重要なことはない。資本主義の邪悪なスペクタクルに対して、私たちは民衆の現実を対置し、もろもろのアイディアを考え出す固有運動にある人々の生の現実を対置する。人間性の解放というモチーフは、その潜勢力をいささかも失ってはいない。長期間この潜勢力の名であった「コミュニズム」という言葉は、たしかに貶められ辱められた。しかし今日、この言葉の消滅は、秩序と命令を占有する者たち、カタストロフ映画の熱に浮かされた俳優たちへの奉仕を生み出しているだけである。私たちは「コミュニズム」というこの言葉を、その新生な明るさのなかに復活させよう。この新生の光はその言葉が昔からもっていた効力でもある。マルクスはコミュニズムについて次のように言っていたのだ。コミュニズムは「伝統的な発想ともっとも根底的な仕方で手を切り」、「各人の自由な発展が万人の自由な発展の条件となるような連合」を出現させるのだ、と。

資本制的議会主義からの全面的な切断、民衆の現実ぎりぎりのところで発明される政治、アイディアの至高の力――危機の映画と縁を切り、私たちを私たち自身の奮起へと連れ戻すものは、すべてここにある。

＊編集部――本稿は、二〇〇八年一〇月一八日付『ル・モンド』紙に掲載された"De quel réel cette crise est-elle le spectacle ?"（「この危機は何の現実のスペクタクルなのか？」）という記事の著者から送られてきたオリジナル版である。著者本人の許諾により、ここに掲載する。読者の便宜を図るべく、訳者と相談の上、原文にない小見出しを付し、タイトルも改めた。

10

金融危機をマルクス恐慌論から読み解く

——すべては現状分析から始まる——

的場昭弘

マルクスの登場

ちょうど日本のバブルが絶頂期を迎えたころ、ガルブレイスの『ハーヴァード経済学教授――マーヴィン教授の富と野望のロマン』（吉田利子訳、ダイヤモンド社、一九九一年）が出版された。主人公は金融工学が前提にする合理的期待仮説ではなく、非合理的期待仮説とやらを武器にし、巨万の富を築く。すなわち株価の崩落に賭けるのである。株券を借りて空売りし、下がったところで買い戻す。これを繰り返すのだ。なるほど一九八七年のブラック・マンデー、株価は驚くほど下がった。ガルブレイスお得意のパロディーである。頭を冷やせということか。今株価は下がり続けている。

そのちょうど百年前の一八九一年にゾラの小説『金』（野村正人訳、藤原書店、二〇〇三年）という作品が出版された。これは一九世紀に実際に起こった事件を題材にしている。ひとつのモデルは一八八二年恐慌である。ユニオン・ジェネラル銀行と思われる、ユニヴァーサル銀行によるスエズ運河バブルを描いている。この中にシジスモンという青年が登場する。社会改革を行おうとする彼は主人公のサッカールにこう述べる。「昨日届いたばかりの大作を読んで徹夜してしまいました――そうこの作品なんです。わが師カール・マルクスが十年の人生をかけた大作なんです。ずっと前から書くと約束していた資本に関する研究です！――われわれの聖書なんです。今それが姿を現したのです」（三八九頁）。

今われわれは空前の大恐慌を前にしておののいている。やはりシジスモンの言うように、マルクスの『資本論』を読むしかないのだろうか。

マルクスの恐慌論

恐慌といったらマルクス嫌いでもやはりマルクスの予測「恐慌と革命」という言葉が頭をよぎるはずだ。恐慌論といえばマルクス経済学のいわば専売特許であった。一九七〇年代まで多くの書物が出ていた。なるほどマルクスは『経済学批判要綱』(一八五六―五八年)の序説の中で、「恐慌と世界市場」でその経済学批判体系を完結させるというプランを立てていた。

一八四八年革命と一八四七年恐慌との関係に注目したマルクスは、一八五〇年代、恐慌と革命との関係を明らかにせんものと経済学に沈潜した。『フランスにおける階級闘争』の中でこう断言している。「革命は新しい恐慌に続いてのみ起こる。しかし革命はまた恐慌が確かなように確かである」(『フランスにおける階級闘争』中原稔生訳、国民文庫、一九六〇年、一五五頁)。

この予測が正しいかどうかは別として、資本主義体制にとって恐慌という長い間忘れていた二文字は、つねに体制崩壊と革命をにおわせる不気味な言葉であったことは確かである。

もちろん、経済学的な意味での恐慌論は、けっしてそれ自体革命とつながっているわけではない。宇野弘蔵は『恐慌論』(『宇野弘蔵著作集』第五巻、岩波書店、一九七四年、一三〇頁)の中で、恐慌論は資本主義体制がただちに崩壊する必然性を説くものではないと釘をさしているが、かつてヴァルガをはじめとしたソ連邦の名だたる研究者たちが、恐慌と資本主義の崩壊との関連を執拗に探究していたことは間違いない。ヴァルガは、『資本主義経済学の諸問題』(村田陽一・堀江正規訳、岩波書店、一九六六年)の中で、恐慌の爆発は引き伸ばされつつあるが、逃れうるものではないと述べていた(二七八―二七九頁)。資本主義の全般的危機説がまさにそれであった。

しかし一九六七年の景気後退を境として、こうした議論は鳴りをひそめる。高度経済成長とケインズ主義、そしてバブル。それ以後も新自由主義の台頭の中、恐慌の存在は忘れ去られ、恐慌論、いや恐慌論の研究者もマルクス経済学者も消えていった。最近ではわずかながら侘美光彦の大著『世界大恐慌』(御茶の水書房、一九九四年)があるぐらいである。

『資本論』から何を学ぶか

1　恐慌の可能性

今回の状態を「大恐慌」だと規定していいかどうかまだわからない。不景気が底なし沼であることは間違いない。俄かマルクス経済学者や恐慌学者が増えつつある。ことの発端がサブプライムローンの焦げ付きであったことは、大恐慌を彷彿させる意味でも興味深い。一九二九年の大恐慌も住宅の売れ行きが景気を牽引し、やがてその衰退が崩壊をもたらしたからだ。もちろん住宅需要が底をついたあとも株価は上がった。そしてあの一〇月二四日の暴落が起こる。

とはいえ今回の住宅バブルはケタ違いである。千五百兆円ともいわれるアメリカの不動産関連証券が、サブプライムローンの焦げ付きで数百兆円のデフォルトを起こしているというのである。二九年の大恐慌を煽ったのが信託投資であったとすれば、今回はデリバティブ商品。日本のバブルのときといい、不動産はバブルの鬼門だ。

マルクスは『資本論』第二巻でこんな話をしている。ちょうどマルクス自身、建売住宅に住み始めた頃の話である。「最近四〇年ですべてが変わった。注文による建築はもはやまれだ。新しい家を必要とするものは思惑で建築された家か、建築中の家から探す。請負業者はもはや顧客のためではなく、市場目当てで仕事をする。――資金は抵当貸付で調達され、個々の家屋の建築が進むにつれて、貨幣が請負業者に払われる。前貸しの支払いを停止させるような恐慌が来れば、すべてが終わる。よくてせいぜい家は景気回復まで未完成のままか、最悪の場合競売で半値で売られる」(『資本論』向坂逸郎訳、第二巻、第四分冊、岩波文庫、三四四頁)。まさにバブルの原因はこうした投機的建築であったことは確かである。

そもそもマルクスは恐慌について可能性と現実性という二つの問題を分けている。可能性とは、恐慌が起こる可能性のことで、現実性とは起こるに違いないという確実性のことである。すでに商品生産社会における商品の交換が含む、流通の閉塞から恐慌は起こるとされる。流通手段としての貨幣についてこう述べている。「売りと買いという、二つの過程の独立がある点まで達すると、二つの過程の統一は強力に『ひとつの恐慌』を生みだす。――しかしながら、それは可能性でしかない」（前掲書第一巻、第一分冊、二〇〇―二〇一頁）。

これが恐慌なら、恐慌は毎日起こることになる。もちろん本来の恐慌は、信用制度が発展し、商業信用、銀行信用、そして擬制資本信用といった複雑な資本主義制度が発展して初めて起こる。支払手段としての貨幣の節で、まさにそうした信用制度を前提とした貨幣逼迫について述べる。「この矛盾は商業恐慌のある局面で頂点に達する。貨幣恐慌が発生するのは支払いが継続的に連鎖し、決済の人工的組織が高度に発展している場所である」（同書、二四〇頁）。信用制度が高度に発展した中で起こる貨幣逼迫。現在われわれが直面している金融危機は、まさにこの貨幣恐慌の様相を示している。債権のデフォルトで貨幣需要が逼迫した金融機関が貸し渋りをしている今、それはまさに最後の支払い手段としての正貨（強い通貨、あるいは金）を求めている姿である。

ここでマルクスは有名な言葉を述べる。「鹿が水辺を求めて鳴くように、世界市場はただ一つの富である貨幣を求めて叫ぶ」（同書、二四〇頁）と。

恐慌の可能性だけを指摘した『資本論』の第一巻では、恐慌そのものの分析は多くはない。しかし労働者との関係についての記述は示唆に富む。「近代産業の特徴的な循環過程、つまり中くらいの活況、生産の繁栄、恐慌、停滞の時期が、小さな変動によって切られながら、一〇年周期の循環をなすという形態は、産業予備軍あるいは過剰人口が絶えずつくられ、多少ともそれが吸収されたり、再度戻ったりということに基づいている」（前掲書第一巻、第三分冊、二一一頁）。これは宇野弘蔵が、恐慌の周期過程と労働力商品の特殊性との関連に言及した問題であるが、恐慌を引き起こす原因の一つに労働力商品の供給がままならないということがあるのである。

すなわち好況期における賃金上昇が、労働力商品の逼迫によって起こるとすれば、それは一つの悲惨な運命を引き起こす。すなわち労賃が上昇するときは、生産が上向いている過剰投資の時である。それがかえってマイナスとなるのだ。典型的なのは一八四七年恐慌である。折からの鉄道ブームによって膨大な資本と労働者がこれに拘束されたことで、賃金が上昇し、それが国内の消費財価格を引き上げた。そのため輸入が拡大し、それが資金需要の逼迫を招き、恐慌に至ったのである。

これは『資本論』第二巻第二篇「資本の回転」のところで触れているところだが、あまりにも巨額な資本が非生産的な分野に投資されると、こうした問題を引き起こすというわけである。今回の金融危機を引き起こした貨幣逼迫は、非生産的な不動産事業に膨大な資金が投資され、それが部門間の不均衡を呼んだともいえる。もちろん現在の世界には膨大な生産力があるわけで、一八四七年のように消費財価格の上昇にはすぐには至らなかったのであるが、投資した資本の焦げ付きが流動性を阻害したともいえる。

「資本の固定的部分が長く拘束され、回転期間が長くなると、周期的恐慌つまり事業の不況、中位の活況、過度の繁栄、恐慌といった継起的な周期的恐慌の物的基礎が生まれる」（前掲書第二巻、第四分冊、二七三頁）。

指摘する。

2　恐慌の現実性

恐慌の現実性という点について、マルクスはとりわけ再生産様式における不均衡と利潤率の低落を理由にあげている。第二巻で述べたこの一八四七年恐慌の問題は、生産の不均衡の問題ともいえる。とりわけマルクスは労働者の賃金の低さが、つねに過少消費を起こす原因になっていることを指摘する。

もちろん過剰生産にならないためには、所得層の高い人々がどんどん消費すればいいのであるが、大恐慌や今回の金融危機でも見られるように、貧富の差が極端に広がることで、全体的な消費は低迷する。一方で豊かな階級はさらに巨額の儲けを期待して、消費財よりも株の購入に走る。それが結果的に消費と結びつかない。すでに今卸売物価は下がっていて、買い控えが過剰生産によるデフレ現象をもたらしているわけである。

「いつでも恐慌は労賃が一般的に上昇して、労働者階級が一年の生産物の消費用の部分より大きな分け前を実際に受け取ったとき、まさにこのとき準備されるのである」（前掲書、第五分冊、一〇二頁）。好況によるささやかな賃金上昇、しかしそれは消費財の不足をもたらし、実質的な賃金を下げる。だから一方で賃下げのときである。利潤の獲得と賃金の上昇との矛盾、まさにこれが過剰生産を作り出すというわけである。

一八六六年恐慌は、一八六〇年代の南北戦争によって原料価格が騰貴したことから始まる。このためインド綿やブラジル綿に原料が変えられるのだが、操業が落ち、労働者の失業が増え、逆にそうした原料代替地の投機的拡大が起こったことで供給過剰、原料価格の下落を招く。一方生産拡張が起こり、過剰生産が起こる。これは『資本論』第三巻の第六章で展開される原料価格の変化にともなう過剰生産で言及されることであるが、二〇〇八年初めの穀物価格、石油価格の上昇も、生産に大きな痛手を残した。原料価格の変動が生産の規則性を壊してしまう。投機買いや、操業短縮、結果として過剰輸入、過剰生産につながるのである。

もっとも一般的な意味で恐慌の原理を語ったものは、利潤率の低落の法則の矛盾という論点であろう。「利潤率の低下は新しい独立した資本の形成をさまたげ、それによって資本主義的生産過程に脅威を与える。それは投機、恐慌、過剰資本と相並ぶ過剰人口を促進するからだ」（前掲書第三巻、第六分冊、三八二頁）。資本主義生産の基本的矛盾。すなわち利潤を求めて生産を拡大するあまり、どんどん生産手段を改良する。それが結果として利潤率を下げる。そのため、労働者が過剰になり、消費者としての彼らの存在が希薄化し、商品が過剰となる。その結果、周期的恐慌によってこの矛盾を取り除こうとする。

「相対立する諸原因の衝突は、周期的恐慌に捌け口を求める。恐慌はいつも存在している矛盾を一気に強力に解決することであり、崩れたバランスを一気に回復する暴力的爆発である」（同書、前掲書第三巻、第六分冊、三九三頁）。利潤率の低下によってどうしようもなくなった生産状況を、いわば恐慌によって破壊し、むしろそれによって新しい生産に進む。

いいかえれば、競争相手をたたきつぶすチャンスであり、より弱い企業を潰し、自らだけが生き延びる。そのための企業による戦争でもある。利益が上向きである間は、資本家は協力して利益を貪るのだが、恐慌のような場合は、逆に相手を犠牲にして自らの生存だけを考えるようになる。

「すべてがうまくいっている間は、競争は一般的利潤率のところで示されたように、資本家階級にとって友愛として機能する。つまり資本家階級は、仲間のように、各自の投資した額に応じて、共有の獲物を分配する。しかし利潤の分配ではなく、損益の分配となるや、自分の損益を減らし、他人にそれを転嫁しようとする。損益は階級全体として避けられない。そんなときですら、問題は各自がどれだけ負担すべきか、全体としてどこまで負担しなければならないか、それぞれの力と狡猾さの勝負であり、競争は敵対しあう兄弟間の闘争となる。ここではじめて個々の資本家の利害と資本家階級の利害との対立が表面に出るのだが、それはかつての利益共同体のときと同様に、競争から起こるのだ」(同書、三九九頁)

ベアー・スターンズ、リーマンブラザースなどの銀行が、政府の援助を求めて群がったとき、そこには利益を分け合う姿ではなく、損益を他人に転嫁しようとする自分勝手な論理が支配的であったわけだ。GM、フォード、クライスラーにいたっても、損益を他者に転嫁、あるいは国民に転嫁し、ひたすら生存のために奔走する。恐慌は、平和時の連合を破壊し、エゴイズムを作りだすというわけだ。

これは他面で、自分の企業のためにのみ貨幣を優遇するという、利己的行為を作りだす。「こうした混乱と破壊は、資本の発展と同時に生まれ、前に述べた価格の支払い手段としての貨幣機能を麻痺させ、一連の期限つきの支払い義務を中断させる。こうして資本とともに発展した信用制度の崩壊が生じることで、恐慌は一層激しくなり、激烈な恐慌、突然の暴力的な価値破壊、再生産過程の停滞、破壊、再生産それ自体の減少を生みだす」(同書、四〇一頁)。

恐慌による国際協調、あるいは国内おける挙国一致という発想がいかにむずかしいか、これからわかる。それぞれの資本はわが身を守るだけで精いっぱい。さらに国家ですら、自らの国家を守るだけで精いっぱい。他の企業や国家のことを考える余裕などない。そのことがさらに恐慌を加速化し、どんどんと深みに陥れていくわけである。この一年の金融危機を見ていても、まさにそうした状態が続く。国家による緊急支援、国立銀行による銀行支援がいわばモラルハザードを引き起こし、損益を国家に転嫁し、貸し渋りを促進させている姿はまさにそうした事態そのものともいえる。

金融サミットG20に関しても、大恐慌の際のイギリスとアメリカのように、いわば自国、あるいはブロック経済圏を守るために、権謀術策を測るといった側面が強くなるのは当然と言えば当然だ。

3 金融と実体経済

マルクスは『資本論』第三巻第五篇の信用論で、金融と実体経済との関係について述べている。マルクスが対象とした恐慌、すなわち一八四七年恐慌と一八五七年恐慌はともに、貨幣恐慌であった。本来の恐慌は、貨幣恐慌とともに実体経済も含んで全般的な恐慌にならねばならないのだが、農業恐慌を含めて、本当の意味で全般的恐慌となったのは、歴史上一九二九年の大恐慌だけであろう。

一八四七年恐慌も、鉄道ブームに沸くことで、貨幣資本の多くが鉄道株に拘束され、それが穀物などの輸入に回らなかったことが大きな要因であった。現金不足が企業の運転資金不足を生み、短期金利が高くなり、貸し渋りが起こり、企業は息の根を止められた。今回の金融危機でも同様のことが起こっている。営業成績が黒字であっても、運転資金が不足して倒産に至る例が多い。いわゆる黒字倒産であるが、銀行の貸し渋りが運転資金不足を生みだす。一八四七年恐慌についてマルクスはこう述べている。

「貨幣資本の不足は存在したのだ、それは現実にある資金に比べると過大な信用操作にあった。さらに飢饉、鉄道への過大投資、とりわけ綿製品の過剰生産、インドおよび中国との間の思惑取引、投機、砂糖の過剰輸入などの結果であった再生産の混乱から生じたものであった」（前掲書第三巻、第七分冊、一四九頁）

銀行が信用創造を行い、巨額な資金投資を行ったことで、貨幣が逼迫した。今回の金融危機では不動産などへの投機がまさにこの焦げ付きだが、投機的であることで、その結果が出るまで時間がかかった。いわばタイムラグの後、恐慌へなだれ込んでいったわけである。

繁栄期には消費者と商品との間の貨幣需要が大きな意味をもつのだが、恐慌期には銀行と資本家との間の貨幣需要が大きな意味を持つとマルクスは述べる。後者はまさに信用逼迫による短期マネーへの需要増のこと。

最後に教訓的なマルクスの言葉を引用しておこう。そこでバブルに踊った人間を批判している。富の原因を忘れ、利子や配当に夢中になった人々がどうなったか。彼らはバブルの構造に思いを馳せることなく、目前の利益だけを追った。結果イギリスを破壊したというのである。

「ローマ人はその偉大さのおかげで征服を行った。やがてその征服のおかげで彼らの偉大さは失われた。奢侈の原因は富である。そして奢侈が富を破壊する。この怠けものよ。このどうしようもない大金持ち貴族の「論理」が、全イギリスに広めた尊敬の念ほど、今日のブルジョワの愚かさを示すものはない」(同書、一五二頁)

III

将来を築くための価値観の転換

——閉塞状況を打開する長期的ヴィジョン

11 金融の糾弾では見えない問題の本質

――十年は続く長いトンネル――

辻井　喬

聞き手＝木村知義

金融肥大化の必然性

――この度の金融の混乱について、メディアでは「危機だ！　百年に一度の危機だ！」と盛んに叫ばれていますが、「これは一体誰にとっての危機なのか？」「この危機の本質は何か？」ということは、あまり深く問われていないようです。これを問わずして「何を変えるべきなのか」は決して見えてこないのですが……。この問題の本質はどこにあるとお考えでしょうか？

今回の事態に関しては、「金融恐慌」と言われたり、「金融崩壊」と言われたりしていますが、いま始まっている世界的な経済の混乱は、これからしばらく続くであろう長いトンネルのほんの入口にしかすぎないと、僕は捉えています。

「実体経済と信用経済の乖離こそ問題だった」としばしば言われますが、問題の本質は、むしろなぜ信用経済が実体経済からかけ離れるほどに肥大化し、世界的に広がったのか、という点にあります。一言で言えば、肥大化し、広がらざるを得なかったわけです。つまり経済を維持し、活性化するには、あらゆる種類の金融商品を生み出し、金融取引を次々と繰り返し、転がしていく以外に手がなかった。とりわけ産業競争力を失ったアメリカにとって、製造業で経済を立て直すことはもはやできなかった。そこで、相手に所得があろうがなかろうが、担保価値があろうがなかろうが、お金を貸し付けることのできる金融システムを開発して、それでもって世界を包み込むほかなかったわけです。アメリカ経済の体質として、既にそうせざるを得なかった。

ですから「強欲資本主義だ」とか「会社を倒産させながら何十億もの年俸をとるのは、経営者として云々」といった批判は、もちろんなされるべきですが、しかし、そうしたモラルを踏み外す経営者は、どんな時代にもいるものです。むしろ問題は、なぜ、例えばリーマンブラザーズがあれだけ無理のある貸付を行い、複雑な証券化を繰り返し、結果として、いったん危機が始まってしまうと、どこを押さえれば止まるのかも分からなくなるほどになったのか、という点にある。そうせざるを得なかった必然性にこそ、深刻な問題があるわけです。

景気浮揚効果を失った戦争

妙な言い方になりますが、昔の感覚からすれば、アメリカはあれだけ戦争をしているのにもかかわらず、経済はなぜこれほど不安定なのかとも思われるわけです。つまり、ある時点まで、戦争は、経済を活性化する最後の手段だった。戦争を起こすことで戦時インフレが起これば、それで経済全体は活性化する。だからこそ、「戦闘に向かう兵隊、あるいは軍隊の攻撃で被害を受ける人には気の毒だが、全体の幸せのためには、戦争をするほかなかった」という言い方もなされたわけです。

――「戦争は、究極の非生産的消費だ」と言われます。

おっしゃるとおりです。非生産的消費を行なうことによって、経済全体を救うというわけですね。非生産的消費という点では、戦争は、まさにポトラッチ（北米インディアンの贈答の儀式。ある者が最大限に高価な贈り物をすると、贈られた者はそれを上回る贈り物をし、互いに応酬を繰り返す）と同じです。文化的交流を可能にするポトラッチに対して、文化的交流を途絶えさせる戦争は、現象的には正反対ではありますが。

日本が昭和初期の恐慌から脱出できたのも、満州事変以後です。まさに満州で事を起こし、これによって「軍事インフレ」と言われる状況をつくりだし、その結果、生産が刺激され、一時期、不況からの脱出に成功しました。

しかし現在、日本もアメリカに追従することで戦争にコミットしていると言えますが、経済にそれほどの効果があるわけではない。世界的に見て、戦争は、もはや経済にとって有益な消費ではなくなってしまった。つまり、それほどまでに産業社会そのものが傷んでいるということです。

金融や信用経済の過剰な肥大化を問題視するにしても、それによって、肥大化せざるを得なかった経済体質という、その奥に潜む問題の本質が隠されてはならない。金融業界のモラルを糺せば済むといった次元の問題ではない。

いわば正規の栄養摂取が不可能なところ、金融という点滴で栄養を補っていたわけです。そして点滴の量を増やし続ける以外に、生命維持すら不可能になってしまった。同時に、点滴によって、かえって胃や腸は、より脆弱になった。ここで道徳的に、「点滴はよくない」とか「神の思し召しに反する」として、点滴をやめれば死ぬ以外にない。

ですから「金融資本こそ問題だ、やり過ぎだ、横暴だ」などと言うだけでは、問題は何も解決しない。そうする以外に経済全体を維持できないほどに、産業社会そのものが病んでいた。このことを忘れると、金融の経営者や責任者を吊し上げるだけに終わってしまう。そうして結局、問題そのものは、抜本的には改善されないままに残されてしまうわけです。

「市場競争原理主義者」の責任

ただ、もちろん経営者の責任が、きちんと追及される場もなければならない。

倒産したリーマンブラザーズの会長が、倒産する前年の年俸が八〇億円であったことについて、「私の判断は間違っていなかった」と下院で証言したことには、さすがに驚きました。おそらく弁護士に「一言でも『申しわけなかった』などと言ってはいけません。そんなことを言ったら裁判に負けますよ。あくまでも胸を張って、『正しかった』と主張し切りなさい」と言われたのでしょう。裁判を有利に運ぶためには、モラルもへったくれもない。さすがに日本では、これほど極端なことにはならない。

ただ、これまで「自由競争こそ産業社会を支える唯一の原理だ」などと述べていた人たちが、少しの反省もなしに、臆面もなくいまだにテレビや新聞に出ていますね。

——つい先日も、テレビ番組で、ある著名な「市場競争原理主義者」が、「改革を途中でやめるからダメなんだ」と言い放っていました。

よく言いますね。それに比べれば、経営者の世界では、これまで自由競争原理主義を唱えていた人たちが、すっと姿を消しました。これだけでも、健全だと言えるかもしれません。現場を持っているだけに、評論家よりも、批判も届くのだと思います。

とはいえ、それに代わる抱負、経綸までを述べる財界人が出てきたとまでは言えません。全体としても、経済界の発言が少なくなってしまっている、という印象です。

十年は続く「長いトンネル」

僕自身は、先に申しましたように、今は、産業社会全体が長く続くトンネルに入ったところだ、と考えています。ところで、どんなに長いトンネルでも、いずれは抜けるはずです。しかし、それも十年ぐらいは見ておかなければならない。また、川端康成の小説ではありませんが、トンネルを抜けたところが情緒ある「雪国」であるのならまだよい。しかし、そこは「雪国」どころではないかもしれない。全くの「異次元の世界」なのかもしれない。

異次元とは、これまでのアメリカ覇権の世界とは全く異なる、ということですが、そうした世界が、具体的にいかなるものとなるかは、まだよく分からない。いずれにせよアメリカ一極支配の時代が終わり、アメリカ、EU、中国、少なくとも三極がそれぞれリーダーシップを発揮する時代に入りつつあることは間違いない。その上で、日本やインドもそこに加わり、三極が五極になるのか、あるいはロシアも加わり、六極になるのか。そのあたりは、まだ何とも見当がつかない。日本について言えば、アジアの中で、アジアの一員として、アジア全体を見渡せる位置に立つことができれば、一つの極となり得るかもしれない。しかし、今の状態では、残念ながらその可能性は少ないでしょう。その理由は、政治家も財界人も構造的な長期戦略を持っていないし、自分たちにそれを考える思考力が欠けていることに気付いていないからです。

「対米認識」と「対中認識」の問題

例えば、今回の危機に関する報道でも、日本の対アジア認識、とりわけ対中認識の歪み、不正確さが感じられます。金融危機の影響を受け、成長率も下がり、中国経済が行き詰まるのも時間の問題だ、国内の矛盾も大きい、といった論調が多すぎます。しかし、成長率が下がったと言っても、八%、九%という大変な伸び率です。まさしく日本の高度成長のような伸び率であって、何をもって「中国経済は危ない」と言っているのか。

実は、「中国経済は危ない」と言う人は、不思議と「アメリカ経済は危ない」とは言わない。要するに、多くの日本人は、世界を、CNNなどのアメリカ発の情報を通して眺めている。ですから、日本にいて世界を知るには、よほどの意識的な努力が必要です。うっかりしていると、アメリカ寄りの情報だけを掴まされる。だから、『環』みたいな雑誌を読まなければいけない（笑）。情報は量以上に質こそ重要です。その情報の質が偏らないように、よほど注意しないといけないわけです。

アメリカ一極支配とオバマ政権

――そのアメリカ一極支配の根底にあるドル基軸通貨体制そのものが、まさに今回の危機において、問題となっています。この体制は今後どうなるのでしょうか？

世界の基軸通貨としてのドルと、アメリカという一国の通貨としてのドルは、分けるべきだという意見があります。これは議論としては成立しますが、アメリカ政府が、こうした選択をなし得るかは未知数です。

無茶な戦争を行うことで、アメリカは、自らドルの価値を著しく損なった、という言い方も、政治的な観点からは可能です。しかし、ここまで経済全体が痛んでいれば、戦争をやめることで、ドルの価値が回復するわけではない。煙草の吸い過ぎで脆くなった血管は、煙草をやめても、すぐには元に戻らないのと同じです。この問題にどう向き合うのか。オバマ政権にとって大きな課題となるはずです。

しかし、これまでの経済のあり方が問われている点では、アメリカだけでなく、ヨーロッパや日本も同様です。例えば、危機への対応として、ニューディール政策ということが言われていますが、そもそも今日において、その種の政策が通用するのか。

一九二九年当時には、技術進歩によって新製品が生まれ、それによって生活がより豊かになる、といった余地が残されていた。だからこそ、ニューディール政策によって、まず大衆の所得を増大させ、購買力を底上げすることが、経済全体の活性化につながった。その象徴が、例えばT型フォードです。アメリカの大衆は、これを歓喜と共に迎えました。全米自動車労働組合が、歓迎の言葉を述べているほどです。

だが今日、このような政策を採用する余地は、日本にも、アメリカにも、EUにもない。もしそれがあるとすれば、アジア各国、中国、インドなどでしょう。

「セーフティネット」の不在

しかも、危機を受け止める社会自体が、一九三〇年代の大恐慌当時よりも脆弱なものになっている。

日本でも、当時、失業によって東京や横浜ではもはや暮せなくなり、しかも汽車の切符を買うお金すらないため、徒歩で郷里へ帰る人が、東海道でも、中山道でも、日光街道でも、引きも切らなかったと言います。しかし、その頃、人々には帰るべき郷里があったわけです。だが、今はない。地方も、市場経済に巻き込まれ、完全に疲弊してしまい、都会の失業者を受け入れられるだけの余力が残っていない。「格差社会」と言われますが、地方に行くほどひどい。

恐慌——麻生さんだったら「おそれこう」などと読み違えるのでしょうか——、あの人には恐慌など関係ない。むしろ非正規社員のような、所得が少なかったり不安定の人たちほど、恐慌の直撃を受けます。ですから、こういうときにこそ、社会保障が重要となるのですが、「六十にも、七十にもなって病院にばかり行っているような人がいるのはダメだ」などと平気で言い放つような人が、総理を務めている。また、社会保障を実施する当事者である役所自体が信頼を失っている。このままでは、日本は、いわゆるセーフティネットを欠いたまま、恐慌に突入することになります。極めて恐ろしいことです。

「失われた十年・二十年」とは何か？

――にもかかわらず、「バブル崩壊以降の危機を乗り越えてきた日本の経験を手本に」などと言われます。根本的な思い違いではないでしょうか。

おっしゃる通りですね。それどころか、今は、日本のバブル崩壊当時よりも、ひどい状況です。例えば、当時はまだ官僚機構がある程度の健康性を保っていた。あれから二〇年、官僚機構そのものが壊れてしまった。あるいは、壊されてしまったと言った方がよいかもしれない。また経済界も、自らの意見を持っていた。今は、団塊の世代あたりが、どこでもリーダーになっていますが、当時は、戦争で経済が全壊した時代を生き抜き、その後の復興に尽くされてきた方々が、まだ長老としてご健在だったからでしょう。

それに、高齢化も今ほどは進んではいなかったために、マーケットにも、まだ成長の余地が若干残されていた。しかし現在は、全体として人口が減少するなかで、高齢化のスピードが増している。そのために、マーケットも、一割減、一割五分減というペースで急速に縮小し、その残ったパイを奪い合うほかない。状況はより深刻になっています。

――つまり、「失われた十年」あるいは「二十年」などと言われますが、実は、それも「アメリカに対する、金融などの日本の遅れ」が問題なのではなく、むしろこの時期に、「改革」の名の下に、日本社会は多くのものを失った、ということですね。

この間、日本でも盛んに叫ばれ、実行に移されてきた「グローバリゼーション」も、「自由化」や「規制緩和」も、もっぱら、アメリカの病んだ金融資本の日本進出を容易にするためのものでしかありませんでした。それなのに、「改革が徹底しないからダメなんだ」などと、いまだに言っている人がいる。「盗人猛々しい」とは、まさにこのことです。こうした「改革」が、実際には、大勢のワーキングプアを生み出し、日本社会を格差社会に変えてしまったわけです。

――つい昨日のようなことですが、今回の危機の前には、上場企業が次々と史上最高益を出すなかで、若者を中心に、年収二百万円程度の労働者が一千万人を超えるような格差社会が形成されてしまいました。

おっしゃる通りで、他国であれば、暴動が起きてもおかしくない状況です。しかし日本では違う。日本人が、涙ぐましいほどに柔順だからですね。

法律で認められているはずのストライキ権も、日本では、事実上、社会的に認められていない。例えば、日本でストを実行すれば、全国紙が一斉に、「社会的責任はどうなるのか」「指導者は誰か」などと報じ、スト実行者を「国賊」扱いするような世論が生まれることも容易に想像できます。

その点、フランスなどは全く違う。もちろんストで迷惑を被れば、皆ぶつぶつ怒る。しかし、他方で、ストは労働者の基本的人権の一部だから仕方がない、と考える。情緒的に労働組合をたたくようなことはあり得ない。

しかし、その労働組合の側の当事者意識、危機感の欠如も問題です。現在、日本の組織率は二〇％を割り込んでいますから、労働組合の全国組織の幹部に、「二〇％を大きく割り込んでいる組織率について、あなたはどう思いますか」と尋ねても、「いや、それは好ましいことではありませんな」と、あたかも他人事のようです。

「中間組織」の再構築

要するに、この十年、二十年のうちに、労働組合、政党、職場や企業、家庭といった、国家と個人の間に存在する「中間組織」が、いずれも弱体化し、その信頼を大きく損なったわけです。自分たちのために何かをしてくれると労働組合に期待するような労働者など、ほとんどいません。政治的な駆け引きばかりだということで、政党への期待も急速に失われている。企業と労働者の関係などは、とりわけこの間に激変しました。雇用や所得が不安定になるなかで、父の権威もますます地に落ち、家族というものも、これからどうなってしまうのか。

中間組織が消滅することで残されるのは、アトム化した個人だけの世界です。これは極めて危険な状況です。本来、危機の際に個人を守る存在こそ、こうした中間組織だからです。これは、単なる「資本主義の危機」というより「社会全体の危機」です。

「地域共同体」の再構築

同様に、地域や地方も、まさにこの十年、二十年のうちに、「改革」の名の下に、かえって破壊されたものの一つです。これらの再構築も今後の重要な課題となる。

例えば、地域の経済的主体性を考える上で、地域通貨のような構想もありますが、これ自体も違法ではなく、どんどん試みられてよい。また地域全体を活性化する視点で、実際に、地味だがよい仕事をしている中小企業のリーダーも、ぽつぽつ出始めている。これなどは本当に救いだと思います。

けれども、「地域」とか「地域共同体」とかと言うと顔をしかめるような人が、とりわけ有識者や知識人には多いものです。要するに、「共同体は個人の自立性を損なう」と、思想的にアレルギーをもっているわけです。この点を、思想の問題としても徹底的に掘り下げ、新しいヴィジョンを提示できるくらいでなければ、地域共同体の再構築も、その試みすら不可能となる。そのくらい強いアレルギーが存在しています。

僕自身も、モダニストとして大きな過ちを犯してきたと今にして思うのは、それぞれの国、それぞれの地域に存在する個性を捉えそこなってきたことです。つまり、モダニズムであっても、ヨーロッパでのモダニズムと異なるモダニズムがあってよい。日本でのモダニズムと、中国でのモダニズムは違っていてよい。ウィットフォーゲルなどが見直されているのも、この意味においてでしょう。マックス・ウェーバーにも、多少なりとも同じ視点が認められます。柳田国男も、日本の共同体は、個性を抑圧するのではなく、むしろ一本立ちさせてやろうというシステムだ、と述べています。もちろん、この点に関しては随分議論があることは承知しておりますが、モダニズムと一口に言っても、日本のような社会において、どんな色のモダニズムがあり得るかと真剣に問うことを、僕も含めてモダニストたちが怠っていたように思います。

とはいえ、「共同体」に対するアレルギーがこれほど強くなったことにも、それなりの歴史的理由があります。戦時の国家総動員体制こそ、この地域共同体を利用し、それによってこれを破壊したのものだったからです。「壁に耳あり障子に目あり」と、小さな共同体を、国家支配の末端機構として再編成しました。その結果、これほどのアレルギーを生み出したという不幸な歴史がある。その意味で、地域共同体の再構築を試みるにしても、戦前の価値観とは決別した新しい価値観をベースにしなければならない。そうでなければ、「この地域共同体こそ、これから我々が生きていく場だ」などと、多くの人には思えないはずです。

「資本主義が勝った」のではない

――思想の問題として考えれば、例えば、マルクスなら今回の危機をどう捉えたのか？冷戦崩壊後、資本主義の一人勝ちという誤った認識のなかで、資本主義に対置する経済理論、哲学・思想を打ち立てようとする意欲を、我々が失い、眼前の現実に対して、「これしか選択はない」と思わされている不幸を感じます。

おっしゃるとおりですね。そもそも冷戦の終結で、資本主義が勝ったのではない。中央指令経済が自己破綻しただけです。この点は、やはり、単純な図式を当てはめて、物事を「分かりやすく」するジャーナリズムの責任は重い。実際、その後の資本主義は、目障りな批判者がいなくなったことで、むしろ自らの欠陥、醜態を曝け出すようになったわけですから。

中央指令経済の自壊については、僕自身もたまたま近くでその一端を目にしました。一九八〇年代のことですが、「我国の農業の生産性は、中国と比べてもかなり低い。どうすればよいと思うか」とソ連の当時の副首相に呼ばれ、日本からの視察団に参加しました。コルホーズで農産物を集めても、容器に傘もないので雨が降ると三分の一が腐る。鉄製の傘をつけようにも、「それは鉄鋼生産省の管轄だ」と。次に貨車に積んで運ぶわけですが、貨車に穴が空いていて走行中に収穫物がさらに減る。この貨車の箱は、プラスティック製で石油化学生産省の管轄。そんな具合で、例えばモスクワに着くまでに農業生産物は半分以下になってしまう。「手のつけどころがない。これはダメだ」というのが、その時の結論でしたが、実際、その通りになったわけですね。

しかし、冷戦終結で資本主義が勝ったわけでは決してない。それどころか、これによって資本主義産業社会全体は、自壊を早めたとすら言える。例えば、アメリカのエンロンの不正会計などは、冷戦期の緊張感のあった時代、社会的なチェック機能が働いていた時代には考えられないスキャンダルです。日本も同様です。食品偽装を始めとして、企業責任や社会的チェック機能の緩みが、すそ野まで広がっている。

単一概念ではない「資本主義」

――お話を伺っていると、資本主義そのものをいかに作り直すか、という課題に、我々が直面しているようにも思えてきます。

そうかもしれません。哲学用語に「棄揚」という言葉がありますが、まさに資本主義社会システムを棄揚する、アウフヘーベンすることが求められているとも言える。

その点に関して、一九九九年頃のことだったと記憶していますが、ボストンで、経済学者のポール・サミュエルソンさんにお会いした時のことを思い出します。「前月に中国へ行き、ちょうど帰ってきたところだ」と言うと、サミュエルソン教授は「ちょっと待てくれ。一人で聞くのはもったいない。いま仲間を呼ぶから」と、後輩の若手教授を五、六人連れてきてくれた。それで、「中国は、これから市場経済政策を大々的に展開する、と言っていました」と言うと、サミュエルソンさんは、噴き出したわけです。「そんな馬鹿なことを、中国の人は、本気で言っているのか」と。「本気のようです」と言うと、「ああ、それじゃあ、中国はもうだめだ」と。つまり、概念として完全な矛盾であるというわけです。市場を抹殺するのが社会主義であって、その自分で抹殺した市場経済をベースにするというのは、自己矛盾そのもので、問題にならない、討議する価値すらない、と。そこで「詳しいことは、僕にはよく分からない。ただこれを資本主義のもう一つのバリエーションとみなせませんか」と尋ねると、「それはあり得ないね」との答えでした。その時のサミュエルソンさんの頭の中には、「社会主義即中央指令経済、市場経済即自由競争経済」という認識があったわけです。

　ところが最近、雑誌などを読んでいても面白いのは、「管理された資本主義でなければダメだ」とか「倫理やモラルのない資本主義ではダメだ」という意見が、ちらほら出てきていることです。これこそ、少なくとも概念としては、「社会主義市場経済」と極めて近接している。日本の新聞でも紹介された（『朝日新聞』二〇〇八年一〇月二五日付など）サミュエルソンさんの最近の見解なども、今回の金融危機の元凶として規制緩和や金融工学の行き過ぎを問題視していて、「管理された資本主義」とも言えるようなもので、随分変わったという印象を受けました。

　ですから、長いトンネルを抜けた先にある「異次元の世界」も、「資本主義」として、これまで当たり前に思われてきたことも見直されるような世界であるかもしれないわけです。

日本は変われるか？

その意味で、今の日本にまず問われるのは、「変ろう」あるいは「変えよう」という、その意思や能力です。

残念ながらと言うべきか、「変化」という点では、アメリカの方が日本よりも少し上のようです。人種差別があれだけ激しい国で、オバマさんが大統領に当選する。やはりこれは劇的な変化です。もちろん、オバマさんがいかなる政策を繰り出すかは未知数です。しかし、少なくともアメリカは、変えようという国民の意思によって政府を変えることができる。

他方、日本は、自民党の一党独裁が、事実上、六〇年近くも続いている。一党独裁の長さとしてはスターリン時代のロシアに匹敵するとすら言える。

しかし、それは日本のよさなのかもしれない。日本の国民ほど、柔順で、信義に厚く、権威に従う国民はいない。それは、考え方によっては長所なのかもしれない。「あのおじいさんは偉かった。おじいさんのおかげで今の豊かさがある。その恩を忘れてはいけない。お孫さんは、何か変だけど、まあもういっぺんは支持しよう」と。これはいわば日本人の美徳です。しかし、私的な情けに基づく美徳であって、美徳も時と場によって悪徳にもなり得る。「やはり選挙は、公的存在としての個人としての行動ですから公私を混同してはいけません」とそんな話をよくします。有権者として投票するときには、誰になるのが日本の将来にプラスなのかを基準にしなければならない、と。

それに比べると、第二次世界大戦直後に、チャーチルの保守党を選挙で落としてしまうイギリス人はすごい。僕が大学に入ったばかりのことでしたが、いまでも強く印象に残っています。日本であれば、チャーチル神社ができて、みんな参拝に訪れるはずです。それを落としてしまう。なぜかと言えば、「もう戦争は終わった。これからは社会保障制度が大事になる。だとすれば、やはり労働党だ」と彼らが考えたからです。こういう考え方にも欠点はあるでしょうが、今回、アメリカも変わり得る、ということが示され、では日本はどうか、といま問われている気がします。

「地域」と「中小企業」の時代

そして、これからの変革を考える上で、とくに重要となるのは、国家のあり方であるはずです。世界的な流れとして外交問題、経済問題、社会問題を解決する最終単位として、これまで国家が保持してきた絶対的な影響力も、著しく減少していく方向になっている。

地域ごとの経済も、もはや中央政府には任せられない。地域自らが連帯し、豊かになろうという経済的努力をしていかなければならない。これは、実は大企業という単位では、なかなか考えられない。むしろ、地域に根ざした中小企業の時代という見方が、これから出てくるのではないか。

海外との交流も、国家が独占するものではなくなっていく。例えば、九州や沖縄と中国福建省との関係のように、地域同士の交流が盛んになりつつあります。また長い歴史で捉えれば、日本海側などは、元来、大陸との交流が盛んな先進地域だった。むしろ太平洋側の方が、未開の地域だったわけです。そうした転換が起きつつある。

もちろん国家が全く不要になるということではありません。国家にしか担えないような役割は依然としてあり、今以上に、国家がきちんと果たさなければならない責任もある。ただ国家の権限と有用性の範囲、国家が社会全体の中で占める比重というのは、トンネルを抜けた先では、大きく変わってくるはずです。

百年単位で考える

――すると、五〇年、百年先の世界から振り返ったときに、我々が目にしたこの危機が、世界史的なある転換点だったということがありうるわけですね。

そう思います。その際、時間軸のとり方を、これまでとは変えなければならない。

中国の浙江（せっこう）財閥出身の故・盛毓度（せいいくど）さん（東京・芝公園の中華料理店「留園」の元経営者で文筆活動でも知られた華僑）のお話を思い出します。盛さんは、中国での社会主義革命の際に日本に亡命してきて、日本の高校を卒業しています。実は、僕の成城高校の先輩でもあって、そんなこともあって、仲良くしていただいたのですが、ある時、「あなた、まだ若いんだから、中国を研究しなさい。きっとそれはあなたのプラスになる」と言われました。僕は、驚いて尋ねました。「だって盛さん、あなたは革命で嫌になったか、追われたかで、日本に来たんでしょう。それでいまも中国は共産党が一党独裁で支配していますよ。勉強しろとは、どういうことですか」と。すると「いや、イデオロギーなどは、波のようなものです。ほとんど動かない水の層が、その何百倍もある。だから、百年もすれば一党独裁というのも形が変わりますよ」と。その時、彼は六十歳ぐらいでしたが、百年単位で物を言っているわけです。つまり、その時、自分が生きている、生きていないは関係ない。そのくらいのロングレンジで物を見ている。この点は、中国の人にはかなわない、という気がします。

――そのような大きな視野で物事を捉えると、やはり辻井さんが大事にされるアジアとの関係が問われてきますね。その点をもっと詳しく伺いたかったのですが、そろそろ時間切れとなってしまい、残念です……

うまくすれば、これからアジアの時代が来るでしょうね。「日本の時代」ではなく、「アジアの時代」です。ただ、日本が、それまでに、アジアに本当に受け入れられるような存在になっているかどうかが問題です。日本にとって第二次大戦後のドイツの、自分の国が起こした戦争への責任の取り方には勉強すべき点が数々あります。アジア諸国が納得するような態度を取ってこそ信頼感は生れるのですから。

（二〇〇八年一二月一日／於・ホテル西洋銀座「プレリュード」）

12　グローバリゼーションと金融危機の意味
――長期の歴史から捉える――

水野和夫

資本利潤率低下という根本問題

サブプライムローン危機に端を発した世界金融危機は大恐慌の再来かと危惧されている。だが、今回の危機は大恐慌当時よりも深刻である。一六世紀以来の資本主義が最大の危機に陥っているからである。それは同時に近代の危機でもある。

日本の八〇年代の土地バブルと九〇年代半ばの欧米の住宅バブルは基本的には同じ原因から生じたと解釈することができる。どちらも、資本利潤率の趨勢的な低下が原因であった。資本利潤率の低下は、先進国の長期金利(1)に現れる。先進国の長期金利が一九七四年に英国で一四・二%と史上最高値を付けたあと、低下の一途を辿っていることから判断すると（図1）、資本家は三〇年以上にわたって危機に瀕していることになる。

その代表例が最も早く利潤率の低下に陥った日本だった。一九八〇年代後半には公定歩合二・五%、一〇年国債利回りは二・五五%へ低下する過程で、土地バブルが起きた。九〇年代のバブル崩壊で日本の利潤率は一層低下し、一九九七年九月には二・〇%を下回った。先進国の長期金利が二・〇%を下回るのは、紀元前三〇〇〇年以来の『金利の歴史』（S・ホーマー）において、一九四一年の米国、そして一六一一年から一六二一年まで一一年間続いたイタリア・ジェノバしかない。日本は二〇〇八年九月の時点で一二年目に突入したのだから、人類史上最長記録となった。

図1　16世紀と21世紀の利子率革命

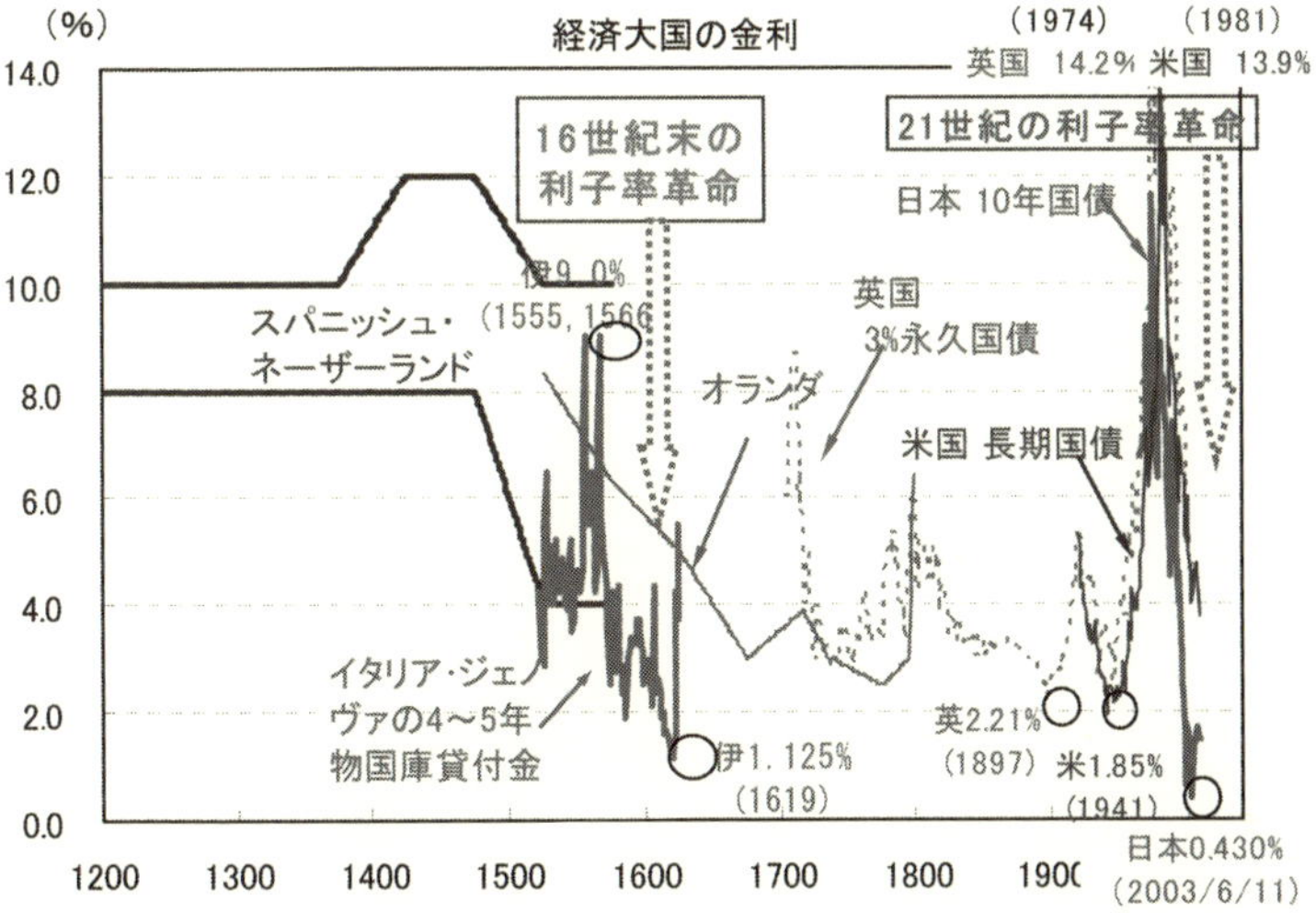

（出所）SIDNEY HOMER “A History of Interest Rates”、日銀「経済統計月報」

長期金利が長期にわたって二・〇%を下回るという事実は、大きな意味を持っているのである。それは、資本のリターンが著しく低下して、従来のシステムを維持できないということに他ならない。だからこそ、一五世紀末に大航海時代が始まって、中世荘園制・封建制社会から近代資本主義・主権国家へというシステムの転換が生じたのである。イタリア・ジェノバに始まった一六世紀半ばからの「利子率革命」は、一五六六年に始まり、そのおよそ五〇年後の一六一一年に長期金利は二・

○%を下回ったのである。

今回の危機は「一〇〇年に一度あるかないかの危機」(グリーンスパン前FRB議長)だとすれば、米長期金利が二・〇%を一年だけ下回った一九四一年前後の米国と比較すべきということになる。しかし、一九三〇年代の米国の一人当たり実質GDP(九〇年国際ドル)は五〇〇〇ドルで、現在の中国と同じであることを考慮すると、現在の世界同時不況で三〇年代のニューディール的な総需要政策が効くのは新興国であって、先進国ではない。一九二〇年代から三〇年代にかけて米経済が成熟段階に到達していたわけではなく、その後の一九六〇年代に資本主義の「黄金時代」が実現したことを考えれば、現在の先進国が抱えている問題点のほうがずっと深刻である。

そう判断できるのは、例えば先進国一人当たりの粗鋼生産(=消費量)は大恐慌の後も上昇し続け、ピークをつけたのは一九七四年だったからである(図2)。鉄は近代化の成熟度合いを測るのに非常に適している。近代化とは、都市化であり、モータリゼーションだから、一人当たり粗鋼生産量がピークに達した時点を近代化のピークと判断することができるのである。事実、一九七四年から一九九八年まで二五年にわたって先進国の総人口で控除した世界粗鋼生産量(2)は低下傾向にあった。

一九七四年が先進国における需要のピークだったという事実に加えて、一六世紀以来の資本主義が一貫して内在してきた対外膨張志向がこの時点で頓挫したことで、内外ともに先進国の利潤獲得の場が失われたのである。一九七三年一月のベトナムパリ和平と一九七五年四月のサイゴン陥落が、バスコ・ダ・ガマの希望峰経由のインド航路発見(一四九七年)以来、西欧資本主義が有してきた対

図２　先進国の成熟化は1974年

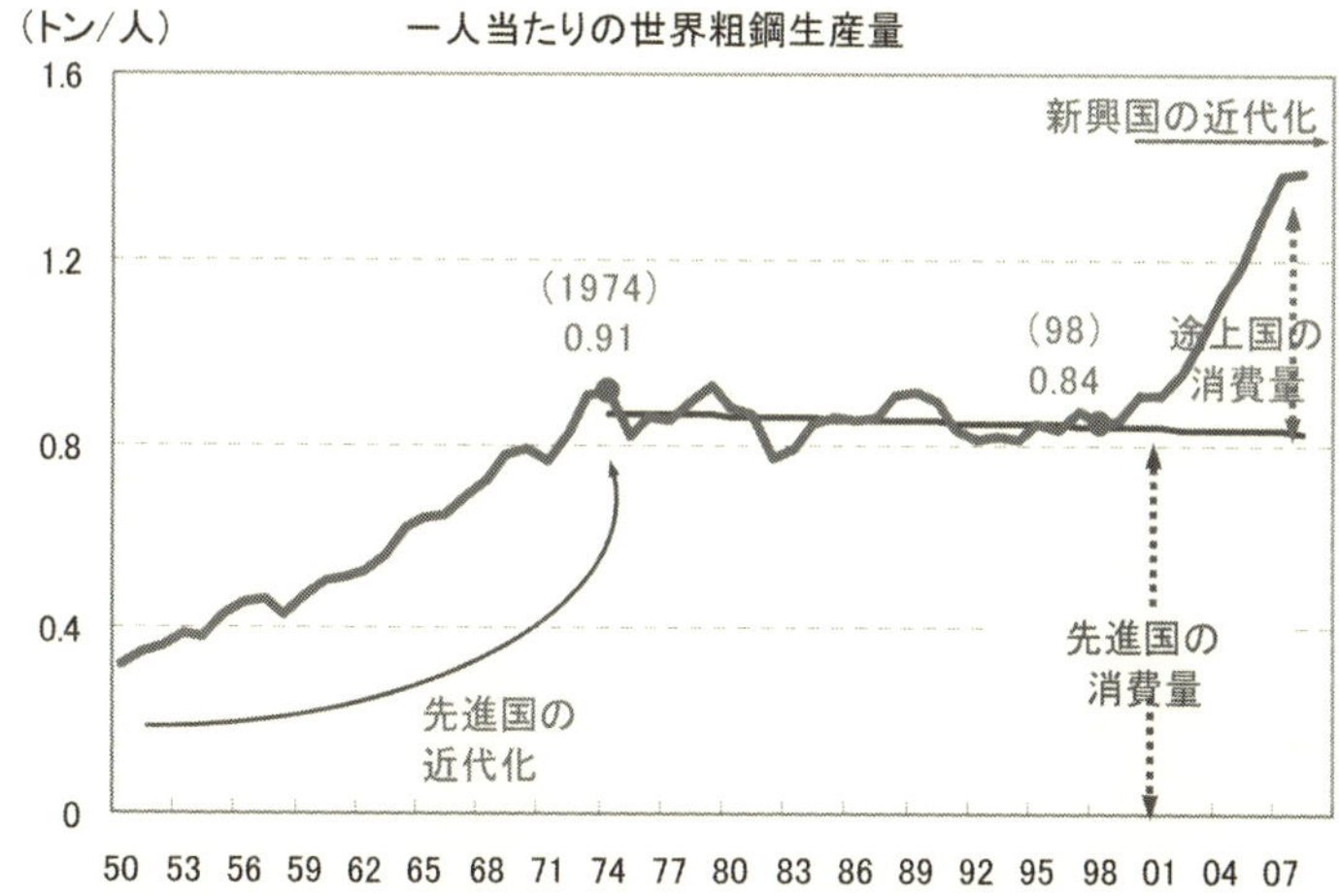

（注）世界粗鋼生産量／先進国の人口
（出所）IISI（国際鉄鋼協会）"Steel statistics"

外膨張の時代が終わったことを示唆している。

同時に、エネルギーの価格と量を自由に支配していた西側資本主義経済が、第一次石油危機によって、コストプッシュインフレと景気後退に見舞われ、いわばケインズ主義（大きな政府）ではスタグフレーションを克服できないことが明白となった。そこで登場したのが、新自由主義を掲げ、七四年にノーベル経済学賞を受賞したハイエクであり、七六年に同賞を受賞したフリードマンだった。スタグフレーションに直面して先進国長期金利は急騰したが、それはインフレ・プレミアムを反映したものであったからで、実質金利はマイナスに転じた。それは実質資本利潤率がマイナスに陥ってしまったことを意味する。

スタグフレーションのうち、インフレはマネタリズムが克服に成功したが、新自由主義は実物投資によって資本利潤率を引き揚げることには失敗した。その代わり、金融市場の自由化が進み、一九九五年以降、国際資本の完全な移動性が実現すると、世界の金融資産価値が急騰するようになった。その代表が、米株式である。一九九四年までは、米株式時価総額は米国GDPの平均〇・四九倍だった（概ね〇・三四〜〇・六四倍のレンジに収まっていた）。ところが、一九九五年以降になると、平均で一・四〇倍（同一・一四〜一・六四倍）へと、非連続的に米株価の価値が高まったのである。

それを可能にしたのが、外国からの巨額の資本流入であった。米株式の一株当たりの利益に対する株価の倍率（株価収益率、PER）は、一九九五年以前と以後とでは、どちらも一〇倍から二〇倍の間で推移しているから、米株式時価総額の上昇は、発行株式時価総数が増加したことによる。九〇年代半ば以降、インターネットブーム下でのIPO（新規株式公開）ブームがそれを裏付けている。

成熟化した先進国における実物投資では十分なリターンが期待できず、代わって「すべてのおカネはウォール街へ通ずる」米金融帝国が、世界中のおカネを集め、資産価格を上昇させることでリターンを得るようになった。この過程で起きたのがグローバリゼーションであり、資本が国境を越えるようになったのである。この段階で、資本（利潤）は、国家（税収）・国民（賃金）の利害と衝突するようになる。一六世紀の近代資本主義の勃興、そして東インド会社設立以来、「GMにとってよいことは米合衆国政府、そして米国民にとっても良いことである」というのは、変わらない原則だった。しかし、グローバル化はこの良好な三者関係を断ち切ったのであり、政府、国民からすれば四〇〇年ぶりの危機に直面していることになる。

グローバリゼーションの三ステージ――中間地点としての現在

一九七四年以降の新自由主義に期待されたのは、長期にわたって低下した利潤率を回復させることであった。そして、国際資本の完全移動が実現したことで、新自由主義は全盛期を迎えた。九五年以降世界の金融資産は、〇七年一〇月から二〇兆ドル強目減りしたものの、それでも〇八年一〇年の時点で一〇三兆ドルも増加しているのである（図3）。

国境を越えた市場経済化のプロセスは、グローバリゼーションそのものである。そしてこのグローバリゼーションは、サブプライムローン問題を挟んで三つの段階に分けることができる。第一段階は市場化が始まってサブプライムローン問題が起きるまで、第二段階はサブプライムローン問題に象徴される金融危機とその影響をうけた実体経済の不況化、そして第三段階になって、ようやく金融危機が収まって、世界経済が回復してくるのである。現在は、第二段階に入ったばかりである。

第一段階の全盛期は、一九九五年の米国の「強いドルは国益」政策から二〇〇七年までである。この時期に、国際資本が完全に移動するようになって、米国は「世界の投資銀行」帝国へと変貌し

図3　1995年以降、急増する世界の金融資産（実物経済との比較）

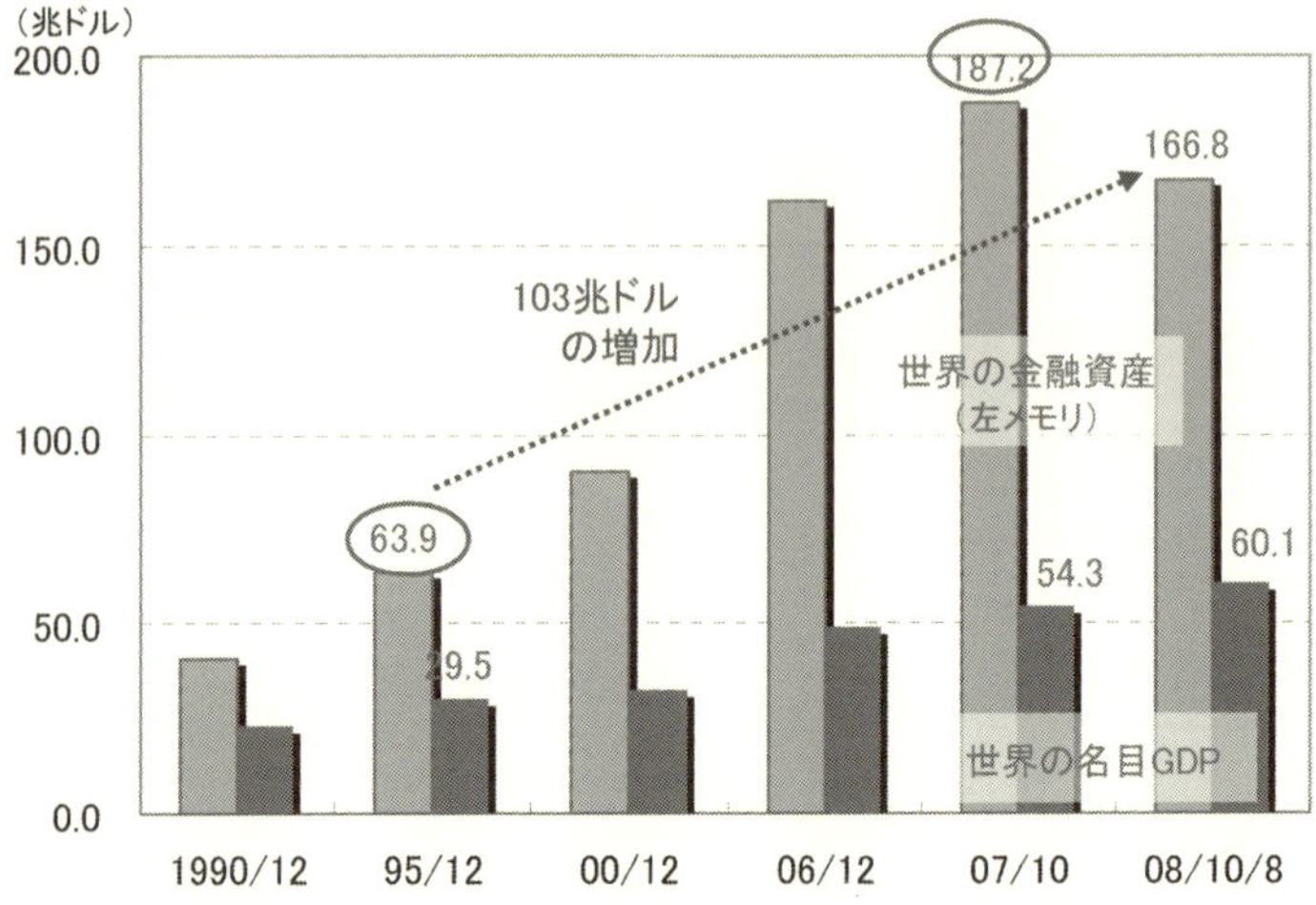

（注）1. 世界の金融資産＝世界の株式時価総額＋世界の債権発行残高＋世界の預金
2. 世界の預金（マネーサプライ）は、日米、EU、英国、カナダ、ANIEs、ASEAN、中国、インドの合計
（出所）World Federation of Exchange、IFS、OECD、ADB、日銀、FRB、ECB

た。「強いドルは国益」政策を遂行したロバート・ルービンの後任であるサマーズ財務長官（当時）が、二〇〇〇年八月に「将来は経常赤字＝借金経済と考える必要がなくなるかも」と述べたことに象徴されるように、この時点で、経常赤字は資本収支の従属変数となって、もはや経常収支赤字は米国の成長の足かせとはならなくなったのである。外国から資本が経常赤字を上回って流入している限り、何も米国経済にとって制約とならない仕組みを米国は築き上げたのである。いわば、犬の

尻尾（金融経済）が頭（実体経済）を振り回す時代が実現したことになる。

第二段階は、〇七年八月九日のパリバ・ショックで、サブプライムローン問題の深刻さが明らかになったときに始まる。このときから、米国にとって必要な外国資本が流入しなくなったのである。米「世界の投資銀行」はこれまで（住宅価格が二桁で上昇し始めた〇四年四月から〇七年六月まで）、月間で外国から九一〇ドルの資本を流入させ、輸入する原油や自動車の支払い代金に六一五億ドルをあて、その差額の二九五億ドルを、レバレッジを効かせて対外投資にまわしていた。

ところが、〇八年七月以降、米「世界の投資銀行」は月間で五〇〇億ドルも資本が足りなくなっている。この資本不足が米国内で貸し渋りを強め、四兆ドルにも及ぶ過剰債務に陥った米家計が個人消費を抑制することになる。第二段階の終わりが、実体経済が不況から脱するときだとすれば、それは二〇一二年頃ということになると思われる。

第三段階は、サブプライムローン問題克服後の世界であって、早ければ二〇一三年から始まる。第三段階の特徴は、経済力の中心が先進国から新興国へ移っていくプロセスである。すでに、今回の世界の金融システム危機をめぐって一一月一五日、ワシントンで開催された緊急金融サミットに、G8（主要八カ国）だけでなく、中国、インドなど新興国を加えた二〇カ国・地域（G20）が参加したように、もはやG8だけでは世界を仕切れなくなっている。この傾向は、第三段階が進行するにつれて益々強くなっていくであろう。

第一段階は金融経済の肥大化が特徴であり、金融経済が実物経済に対して優位を確立していった。

図4　繰り返す歴史

		1450年－1650年（長期の16世紀）		1968年－（グローバリゼーションの21世紀）	
危機の予兆	内部システムの決定的亀裂	フィレンツェ公会議	1439年	世界革命	1968年
		イタリア・ルネサンス	1450年～	ポスト・モダニズム（「大きな物語」の終焉）	1979年
	システムの外からの攻撃	ビザンチン帝国の首都コンスタンチノーブル陥落	1453年	石油危機	1973年
				「ジハード」宣言（ビンラディン）	1979年
反転攻勢	技術革新	活版印刷技術（グーテンベルグ）	1455年（注）	MPU（インテル）誕生	1971年
	新時代の幕開け（市場の開拓）	グレナダ陥落	1492年	ベルリンの壁崩壊	1989年
		アメリカ大陸発見	1492年	インターネット革命	1995年
	精神革命	宗教改革	1517年	ハイエク、新自由主義	1974年
	貨幣革命	ポトシ銀山発見	1545年	「強いドルは国益」	1995年
旧体制の危機	旧体制、大打撃被る	ローマ劫掠	1527年	世界同時多発テロ(9.11)	2001年
	旧体制の敗北と挫折	アウブスブルグの宗教和議	1555年	洞爺湖サミット	2008年
		カール五世退位	1556年	米ブッシュ大統領退任	2009年
	旧体制を揺るがす経済危機	フェリッペ二世、財政破たん宣言	1557年～	**ドル危機（サブプライムローン問題）**	2008年～

（出所）永田諒一『宗教改革の真実』（講談社現代新書、2004年、28頁）

第二段階はその行き過ぎ（過剰債務）を是正するプロセスである。そして、第三段階は、実物経済が拡大することで再び均衡を取り戻すプロセスとなるはずである。だがそこで拡大するのは先進国の実物経済ではなく、中産階級の台頭が見込まれる新興国の経済である。

　第一段階が四〇年、第二段階が五年から一〇年、そして第三段階が二〇年から三〇年とすると、グローバリゼーションの世紀は八〇年となり、現在、ようやく中間地点に達したことになる。第一段階は、第三段階の準備段階として位置づけることができ、その最大の役割は、実は新興国の近代化を促すためのおカネをいかに短期間で大量に作るかということにあった。第二段階は、第三段階への移行をつげる号砲であり、第一段階をクールダウンさせる役割を担っている。そして第三段階において、第一段階で蓄積された一〇〇兆ドル超の金融資産が新興国の近代化のための実物投資と、脱化石エネルギー投資に向かう可能性が高い。

二一世紀のグローバリゼーションが三つのステージに分けられるように、「長い一六世紀」(一四五〇年~一六四〇年)も同じように分類することができる。二一世紀のグローバリゼーションの中間地点で、二〇〇八年にサブプライムローン問題に端を発した米資金繰りの逼迫が起きたように、「長い一六世紀」の中間地点は一五五七年[3]のスペイン世界帝国のフェリペⅡ世の財政破綻宣言だった(図4)。前半戦の第一ステージをリードするのは旧世界のリーダー(一六世紀はスペイン)だったが、中間地点でスペインは、財政・金融でつまずき、その後一六世紀の第三ステージ(後半戦)における主役は入れ替わった。今回の場合の旧世界のリーダーとは、無論アメリカだが、二一世紀もこれと同じとなる可能性が高い。

グローバリゼーション第三ステージにおける日本の課題

米国は「世界の投資銀行」であり、日本は「輸出株式会社」である。戦後、日本「輸出株式会社」

は、外国から資源・食糧を安く仕入れて、ハイテク製品を高く売ることで、高い生活水準を維持することができた。今後、日本「輸出株式会社」にとっての最大の課題は、悪化が続いている交易条件（＝輸出物価／輸入物価）をいかに改善させるかである。

米「世界の投資銀行」と日本「輸出株式会社」は、連結親会社・子会社の関係にある（図5）。日本が対米輸出比率を減らして、アジアやヨーロッパ向け輸出比率を増やしても、最終的な需要者は米消費者か、米経済と連動しているヨーロッパの消費者なのである。アジア向け輸出にしても、部品が中心で、アジアで組み立てられて、最終消費財として米国やヨーロッパに向かっているのである。そして金融市場がグローバル化しているので、住宅ブームはバブルに行き着き、世界的に連動する。逆に米住宅ブームが崩壊すれば、ヨーロッパでも崩壊するのである。

米消費比率（対GDP比）が上昇するときは、いつも米住宅ブームが起きている。過去にみられないほどの住宅ブームが一九九六年以降起きたのは、米国が「世界の投資銀行」と化したからである。その結果、戦後で最も輸出に牽引された日本の景気回復が起きたのである。今後二〇年、三〇年かけて新興国の近代化が本格化するであろうから、日本は先進国向け中心の輸出から、新興国向けへの輸出に切り替えなければならない。そのときは、高級品から値段の安い製品まで輸出することが必要である。

一九九〇年代半ば以降、グローバル化が一六世紀以来の「価格革命」を引き起こしている。一〇億人の先進国とBRICsだけでも二八億人の人口を有する新興国の市場が一体化する過程で、供

図5　一体化する日米経済
（米国の個人消費支出・ＧＤＰ比率と日本の輸出・ＧＤＰ比率）

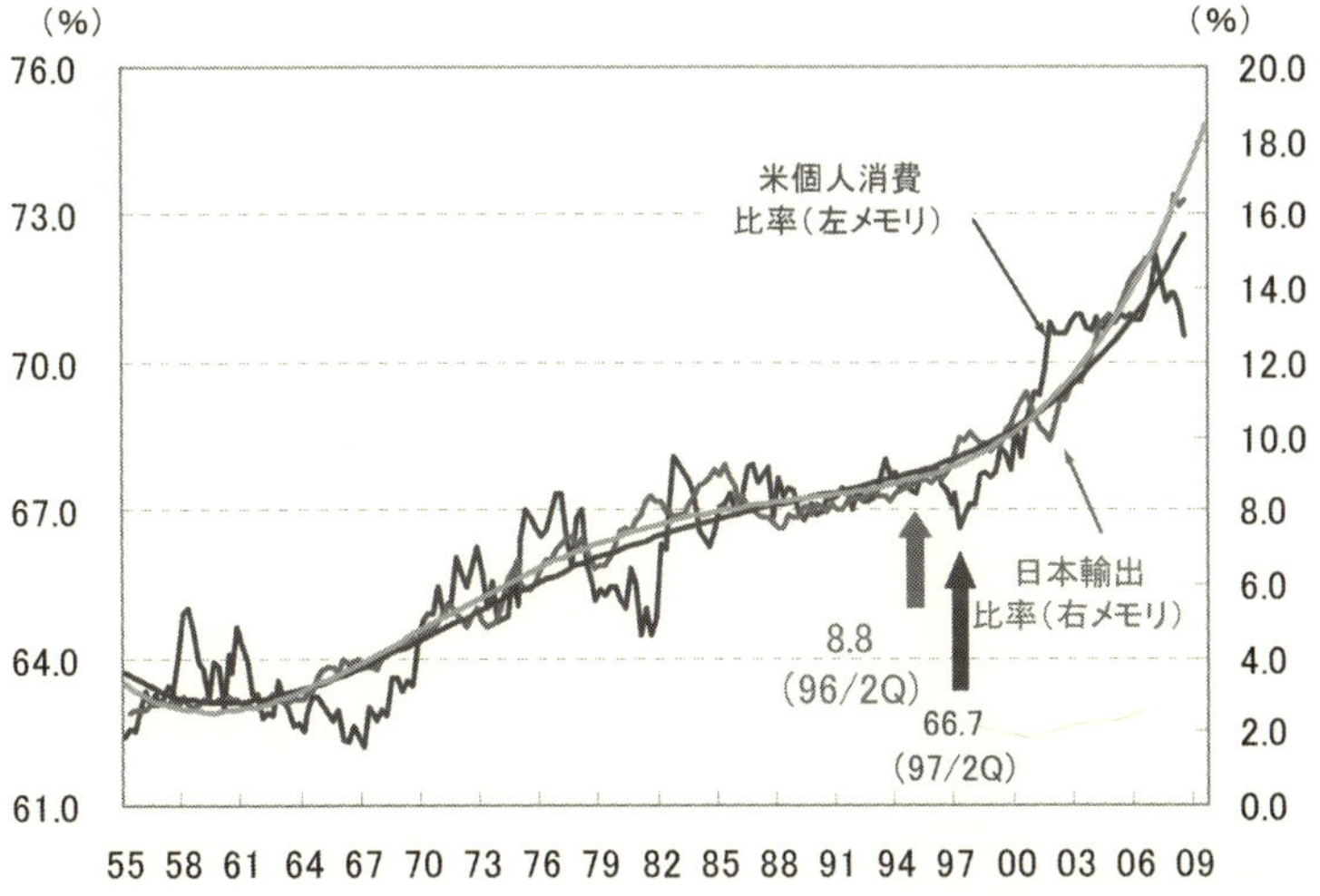

（出所）米商務省“Gross Domestic Product”、内閣府「国民経済計算年報」

給に制約のある資源・食糧価格は高騰する。先進国の近代化は終焉しているのであるから、「近代」に最も適合した経済構造を築いた日本が最もその構造を変えなければならない。近代に最も適合した条件とは、①安い原油・食糧は海外から輸入する、②輸出はハイテク工業製品に特化する、そして③輸出産業支援のために「弱い円」政策をとるという三つであった。

二〇〇二年末以降、日本や韓国の交易条件（＝輸出物価／輸入物価）が大幅に悪化し、所得の海外流出を引き起こしてきた。実質GDPに交易損失（利得）を加えると、国内総所得（GDI）になる。交易損失の発生はGDP以上にGDIを減少させ、企業利益か雇用者所得の減少に繋がる。いま日本が早急にすべきことは、「円高は国益」政策を採用することである。資源価格はドル建てで取引されているので、円がドルに対して強くなると、それだけ、安く購入することができる。そして、中長期的には食糧自給率を上げ、かつ輸出価格を引き上げ、あるいは円建て輸出の割合を高める必要がある。ハイテク製品は海外との競争が激しいので、価格引き上げは困難であろうから、他の産業が輸出で利益を稼ぐことが必要となる。そのためには、まずは従来の垂直型の産業構造を改めなければならない。

利益の源はこれまでの近代化を成功させてきた垂直型の産業構造には存在しない。それに替わって「最終組み立てとサービスを担うグループと部品製造と素材生産を担うグループに分かれ、それぞれに属する企業がグローバルに自由に組み合わさる」砂時計型の産業構造の中に利益が隠れている（経済産業省『知識組替えの衝撃——現代産業構造の変化の本質』産業構造審議会、新成長政策部会基本問題検討小委員会 報告書、平成二〇年七月）。

同報告書によれば、「グローバルに稼ぐには、個々の技術の良さだけでは不十分。大企業と中小企業、業種、ものづくりとサービスといった従来の枠を超えて技術、ノウハウを組み替える大胆なイノベーション（＝知識組み替え）が必要」なのである。知識の組換えのモデルは製造業のみならず、医療など非製造業にも当てはまる。同報告書はファッション産業の例を挙げている。

中国やアジアではジャパン・クールのトレンドが起きている。このトレンドを把握して、日本の利益になる仕組みを作ることを急がなければならない。中国で販売されているファッション雑誌において、ヨーロッパ資本や中国資本の雑誌を押さえて、ベストワンから四位までを日本のファッション誌が独占し、そのシェアは五五％にも達し、中国人二人のうち一人以上が日本のファッション誌を読んでいる。中国で支持されている日本の四つのファッション誌はバラバラの傾向をもつのではなく、ある特定の志向、すなわち、エレガント志向でかつモテ志向を有している。特定の志向を持ったジャパン・クールが中国に支持されているのである。こうしたジャパン・クールのトレンドを把握して、いままで国内販売が中心だった産業が輸出産業となって、海外利益を増やすことが必要である。

注

（1）長期金利は資本利潤率の代理変数である。資本利潤率をＲＯＡ（使用総資本事業利益率）として捉えると、ＲＯＡは負債コストと株主資本利益率（ＲＯＥ）の加重平均値からなる。中小企業・非製造業のＲＯＥは水準が低く、株主資本の比率が低いから、ＲＯＡ　負債コストが成立する。

（2）世界の粗鋼生産量を先進国の総人口で控除した数字は、一九九〇年代半ばまでは先進国一人当たりの粗鋼使用量とみなして差し支えない。現に、この数字は日本の粗鋼使用量を日本の人口で割った数字と概ね等しくなる。

（3）Ｉ・ウォーラーステインは「一五五七年、スペインばかりかフランスもまたみずから破産を宣言する。……（中略）したがって、両国の破産はたんなる財政の再調整などというものではなかった。いわば、全世界がここで躓いたのである」（『近代世界システムⅡ』川北稔訳、岩波現代選書、一九八一年、一八頁）と指摘している。

13 「経済」という観念自体の転換
――ケインズの未来予測――

佐伯啓思

大恐慌とケインズ主義

アメリカのサブプライムローン問題に端を発する金融危機は、確かに一〇〇年に一度というべき様相を示している。むろん、これは八〇年前の世界大恐慌を念頭においたもので、一九二九年の一〇月二四日のニューヨーク株式市場大暴落の後、十年ほどの大不況が続いたのである。実体経済の悪化が顕著になるのは三〇年代にはいってからであり、失業率が二五%という最悪の事態にいたるのは三三年であった。この経験を想起するなら、今回の金融危機は、今後の展開こそ注視されるべきものであろう。

三〇年代の大不況に際しては、三三年に大統領となったローズベルトのいわゆるニューディール政策がよく知られている。しかし、ニューディールがどれほどの効果をもったのかは必ずしも確かではない。ローズベルト自身はもともと均衡財政論者であり、公共事業や財政支出の規模もさほど大きなものではなかった。三四年からアメリカ経済は多少回復に向かうものの、それも劇的というほどのものではなく、三八年にはまた大きな不況に襲われる。この年の失業率は一九%ほどで、結局、この失業率がひとケタ台にまで改善されるのは四一年の戦争を待たねばならなかったのである。戦争準備と戦時動員体制が最終的にアメリカ経済を不況から救い出したのである。

ローズベルトのニューディール政策は、ケインズの有効需要理論という理論的対応物をもっていたとよく言われる。ローズベルトがケインズ理論を理解していたという痕跡はまったくないが、確かに、不況時の公共政策という考え方はケインズが理論化したものであった。そして、その後、一九八〇年代に至るまでの四十数年の先進国の経済運営は、基本的にケインズ主義に従ってなされたわけである。そこで戦後のケインズ主義的、福祉主義的経済運営体制まで含めて「ニューディール体制」ともいわれるが、民主党が中心になって運営されたニューディール体制の理論を提供したのが、アメリカ・ケインジアンと呼ばれるアメリカのケインズ主義者であった。

この体制が戦後先進国の経済繁栄と安定をもたらしたことは間違いない。しかし、七〇年代のアメリカの経済混乱の中で、「ニューディール体制」の権威は失墜していった。一九八〇年に登場したレーガン大統領による新自由主義路線は、なによりも「ニューディール体制」からの決別であり、ケインズ主義の否定であった。そして、その後、三〇年近くが経過して再び大不況がやってこようとしている。新自由主義による放任的な市場主義は、再び、経済を大きな混乱に陥れようとしている。この事態を前にして、たとえばオバマ新大統領は、公共事業を中心とした財政出動を行い、雇用確保を最優先すべきことを主張している。ケインズ主義への回帰といってもよい。

金融グローバリズムへの対抗としての公共投資

だが、マルクスとマルクス主義が違うように、ケインズとケインズ主義もまた少し違っている。

ケインズの財政拡張論は、確かに、大不況からの経済回復の手段として唱えられたものであるが、しかし、ケインズ自身はもっと広い視点をもっていた。ケインズは一九二六年に「自由放任の終焉」という論文を書くが、この論文の背景にあるものは、当時の金融中心のグローバリズムへの批判であった。ケインズの財政拡張論、公共投資の重視は、決して大不況の中でいきなり出てきたものではない。二〇年代後半を通じた彼の主張であった。

ではケインズは何を主張したのか。彼が訴えたのは、グローバルな金融の「気まぐれな浮動」から国民経済（ナショナル・エコノミー）を守るということであった。二〇年代の米英の経済関係の中では、グローバルな金融市場を通じて、イギリスからアメリカに多大な資本が流出していった。イギリス国内に大きな利潤機会がなく、アメリカの不動産や金融市場で運用した方がはるかに利益を得られたからである。ケインズが危惧したのは、このような状況の中で、イギリス産業がますます衰退することであった。ケ対外投資によって一部の資本家は豊かになるものの、イギリス国内の産業は、資金不足と需要の減退に直面していたのであった。この危惧の念が、ケインズをして公共投資の重要性を唱えさせる。アメリカに投機的に、しかも高リスクの金融商品に投資を行うなら、その資本を政府が管理して国内に投資をして将来の役にたつ「実物」を生み出した方がよい、というのである。

こうして、彼は、「国際商品にはならないもの」の充実を求めた。具体的には、都市の美観創出、住宅建設、地方や田園、自然の保全、生活のインフラストラクチャーの充実などである。公共投資の必要は、必ずしも不況対策というだけではなく、もともとは、金融グローバリズムに対抗して国民経済を保守するというものであった。

しかし、同時にケインズはいささか面白いことを述べていた。今回(一九三〇年代)の大不況は景気刺激政策によって何とか克服できるであろう。しかし、問題はその後である。先進国は、すでに豊富な物的生産能力をもち、一方、人々の物的な商品への欲望はそれほどまでに持続的に増加するものではない。物的生産が相当なレベルまで達すれば、人々は、モノを渇望するのではなく、より豊かな時間を充実して過ごそうとするだろうし、文化的なものへ関心を向けるだろう。そうすると、従来の生産物に対する消費需要は低下し、将来にわたって消費需要が見込めないとなれば企業の投資は慢性的に低迷するであろう。すなわち、経済は長期的な停滞という大なる可能性に直面するであろう。しかもこれは、先進国におけるように、「豊かな社会」であるがゆえの帰結なのである。先進国が今後直面するのは「豊かさの中の停滞」だというのが、ケインズの未来予測であった。

一九三〇年代の大不況および第二次大戦後、先進国はかつてない繁栄を実現した。年に四%前後の成長率であったとしても、ケインズのいう「複利の力」によって、人々の生活水準は驚くべき向上を見せる。そして、その牽引役になったものは、自動車、機械、家電、航空機、造船、鉄鋼などの製造業であった。製造業は、大量生産、大量消費方式によって生産と消費の拡大する循環的構造を作り出し、先進国に膨大な中間層を生み出した。いわゆる「産業社会」を実現したわけである。

ケインズは、三〇年代の大不況のさ中で、先進国が半世紀も経済成長を続ければ、「複利の力」は先進国に「豊かな社会」を実現する、しかし、そのことが資本主義のエネルギーを徐々に枯渇させてゆく、と考えた。ケインズとは少し違った論理であるが、シュンペーターもまた、資本主義は、その矛盾というよりも、その成功のゆえにやがて停滞に陥る、と述べた。資本主義は、先進国に豊かな未来を約束するが、まさにそのことによって、モノづくりや組織作りの革新的なエネルギーが衰弱するからだというのである。ケインズが、資本主義の停滞を予測したのはすでに七〇年ほど前になる。そして、ケインズの予言は的中したのだろうか。

成長の限界と金融主導モデルへの転換

今回の金融危機の底流には、アメリカにおける八〇年代から九〇年代にかけての経済構造の変化がある。大量生産、大量消費、大企業組織、豊かな中間層の形成という産業社会の論理から、情報、サーヴィス、金融経済への産業構造のシフトである。実体経済からシンボル経済へのシフトといってよいであろう。とりわけ、九〇年代になると、経済成長を生み出すエネルギーは、製造業というモノづくりからITと結びついた金融へとシフトしていった。成長モデルが「産業主導モデル」から「金融主導モデル」へと変化したといってよいだろう。

産業主導モデルでは、技術革新→大量生産→生産性向上→賃金上昇→消費拡大→設備投資→技術革新……という循環構造が可能となる。いわゆる「フォーディズム」のモデルである。経済成長の原動力はあくまで、新たな製品開発、生産性を向上させる技術革新にある。ところが、八〇年代のアメリカにおいては、製造業の生産性は傾向的な低下を示すようになる。製造業においては有効な技術革新が困難となり、もはやモノ造りでは十分な利益が得られなくなったのである。言い換えれば、従来の「産業社会」モデルにおいては、経済成長を確保できなくなった、ということである。さらにいえば、このことは、「産業社会モデル」が提供する商品群においては、もはや十分な利益をあげることが困難となる程度に人々は豊かになったといってよい。この「豊かな産業社会」においては、人々は、もはや企業が十分に利益をあげることができるほどには、モノを買わない、ということだ。むろん、これは、今日の、あまりに貪欲で貯蓄率をマイナスにするほどの過剰な消費にあけくれるアメリカ人の姿とは異なったイメージを与える。しかし、現象における過剰な消費と、その底流で進行している過剰な生産は決して両立不能ではない。

九〇年代のクリントン政権は、アメリカ経済を「産業主導モデル」から「金融主導モデル」へと切り替えていった。新たな成長の原動力を、グローバル市場における資本に求めたのである。「金融主導モデル」においては、経済の循環構造は次のようになる。金融市場への資本導入↓金融市場の沸騰↓資産効果による所得拡大↓消費拡大↓生産拡大↓グローバルな資本のアメリカ金融市場への導入……という回路である。

このモデルで重要なポイントはふたつある。ひとつは、グローバルな金融市場においてアメリカが圧倒的に有利な立場にたつということであり、もうひとつは、資産効果を生じさせるためには、絶えず金融市場や不動産市場などで資産価値の上昇、もっといえばバブルを生み出さなければならない、ということだ。前者についていえば、いかにユーロが成長したといっても、まだドルは圧倒的に強い基軸通貨となっており、そうである限り、アメリカはグローバルな金融市場で有利な立場に立ちうる。また、IT革命や金融工学という独特のテクノロジーがアメリカの金融市場の安定性と収益性を確実なものにする、という「神話」が作りだされた。後者についていえば、九〇年代のITバブル、二〇〇〇年代にはいってからの住宅バブル、株式バブルが、アメリカ経済の成長を支えたことはいうまでもない。

経済成長自体が問われている

そして、今回の金融危機は、まさしく、アメリカの「金融主導モデル」の失敗を意味していた。しかもそれは、その時期がいつになるかは別としても、必ず崩壊するはずのものだったのである。このことが意味することは何であろうか。

第一義的にいえば、それは明らかに、ブッシュ政権の経済運営の失敗である。しかし、それだけのことではない。新自由主義と呼ばれる市場中心的な競争政策が失敗したというだけならば、再び、ケインズ主義的、福祉主義的な政府介入を容認すればよいだけであろう。ところが、事態はそれほど容易ではない。

もしも、この金融危機を引き起こした背景にあるものが、「産業主導モデル」から「金融主導モデル」への転換にあり、しかも、この数年（あるいはもう少し長く取ってこの十年）のアメリカの経済成長が、いささか強引なグローバル金融市場における過剰資本の流入に依存したものだとすれば、そもそも、先進国の経済成長それ自体が、問われることになるのではないだろうか。

経済学にはペティ・クラークの法則と呼ばれるよく知られた法則がある。経済発展は、おおよそどの国も同様のパターンをとり、それは、経済発展の段階により、第一次産業から第二次産業へ、さらには第三次産業へと産業中心が移動する、というものである。この法則は、いかなる国も経済発展を実現するとすれば、この法則が述べる一般的なパターンに収束するというのだが、今日、中国やインド、ロシアなどの新興国を見てみれば、この法則は必ずしも正しくはない。しかし、特にアメリカを中心とする先進国が、おおよそこのパターンに従っていることもまた事実であろう。ペティ・クラークの法則が一定程度であれ作用するとすれば、つまり、先進国において、経済がいわば「成熟」の度合いを高めれば、もはや製造業中心の産業主義によっては、十分な利益も資本蓄積も実現できない、ということになる。

ポスト産業社会は競争社会でありえない

実際、アメリカにおいては、七〇年代には、産業主義からの脱却という議論がなされていたのである。代表的な主張は、ダニエル・ベルによる『ポスト産業社会の到来（邦訳は、脱工業社会の到来）』

に示されている。ベルは、アメリカのような先進社会で今後展開されるのは、製造業中心の産業主義ではなく、知識、情報、またそれと関連したサーヴィス業を軸にした社会への移行だと述べた。そして、その際に重要なこととして、ベルは、この「ポスト産業社会」とは、決して市場競争中心の社会ではありえない、と述べていたのであった。

理由は簡単だ。知識にせよ情報にせよ、本質的に公共的なものであり、市場原理にはなじみにくいからである。そして、これらの知識・情報は、人間自身の能力に体現されたり人々の相互作用に深くかかわっており、そもそも商品化が困難であったからである。

ベルは、ここで、経済が「成熟」した先進社会では、もはや産業主義によっては大きな利潤を生みだすことは難しくなる、と想定している。したがって、このような社会においては、なによりも思考の転換が必要となるのである。価値観の転換といってよかろう。すなわち、効率性重視の市場原理から、公正さを中心に据えた一種の「公共的社会」の形成が不可避だというのである。ここに、産業社会からポスト産業社会への転換の意味があった。知識や情報や、人間の社会的な能力やネットワークは、市場において付加価値を生み出すよりも、政府と民間を合わせた公共的な計画のために使用されるべきだというのである。

しかし、八〇年代以降、現実に生じた展開は逆の方向であった。公正さという価値ではなく、一層の効率性が追求され、公共計画ではなく市場原理がかつてなく追求された。知識も情報も利潤を生み出す新たなビジネスチャンスとしてのみ機能したのである。七〇年代から八〇年代を席巻した

「ポスト産業社会論」は市場原理主義の前に霧散してしまった。

経済という観念自体の転換

だが、「ポスト産業社会論」には、その楽観的で多少能天気な議論の裏に、ひとつの重要な現実的な悲観論が隠されていた。それは、繰り返すが、産業社会の「成長モデル」は先進国ではほぼ限界に達している、ということである。「ポスト産業社会論」が述べようとしたことは、今後、製造業中心の産業主義に代わって、知識・情報・ＩＴなどを組み込んだ新たな商品や生産活動が大きな利潤の源泉となり新たな成長モデルを構成する、ということではない。それが述べたのは、そもそも、市場競争社会においては、成長モデルがもはやうまく機能しない、ということなのであった。

成熟した社会においては、市場競争による効率性の追求ではなく、社会生活のインフラストラクチャーや文化的生活、医療や住宅計画などがむしろ重要なテーマとなる。そして、そのためには、政府による公共計画の策定と民間資本の導入が不可欠となるであろう。知識は公的なもののために使われるのである。これこそが、ポスト産業社会の基本的なビジョンであった。それは新たな「成長モデル」というより、「ポスト成長モデル」というべきものである。そして、このモデルは、ケインズが未来予測とともに描いたイメージと近い。

今日、日本が追求するべき経済モデルはこのような種類のものではなかろうか。とりわけ、人口減少、高齢化へ向けて推移する日本においては、グローバルな市場競争主義とは異なったモデルが不可欠となる。要求されているのは、ただ産業構造の転換というよりも、経済というものについての価値観の転換なのである。しばしば、今日経済のパラダイムチェインジの必要が叫ばれるが、真に要求されていることは、経済観念の大きな変更といってよい。成長至上主義から「ポスト成長モデル」への転換なのである。まさにケインズが述べたように、まず転換されるべきものは、われわれの観念であり価値観である。長期的には、結局、新しい経済観念こそが現実を動かすことになるだろうからである。

本が築いたもの』『長期不況論』『分断される経済』など。

アラン・バディウ（Alain Badiou）
1937年モロッコ・ラバト生まれ。哲学者。パリ第八大学哲学科教授、国際哲学学院教授、高等師範学校哲学科主任教授を歴任。著書に『哲学宣言』『世紀』（藤原書店）『存在と出来事』『世界の論理　存在と出来事Ⅱ』『諸条件』（藤原書店近刊）『ドゥルーズ』『倫理』（河出書房新社）など。

的場昭弘（まとば・あきひろ）
1952年生。神奈川大学経済学部教授。マルクス経済学。著書に『超訳「資本論」』（祥伝社新書）『マルクスだったらこう考える』（光文社新書）『マルクスに誘われて』（亜紀書房）など。

辻井喬（つじい・たかし）
1927年生。詩人、作家、経済学博士号も持つ。文筆業の傍ら、財団法人セゾン文化財団理事長、日本ペンクラブ理事、日本文藝家協会常務理事。著書に『異邦人』『群青、わが黙示』『鷲がいて』『自伝詩のためのエスキース』『虹の岬』『父の肖像』『遠い花火』『消費社会批判』『伝統の創造力』『新祖国論』『叙情と闘争』など。

水野和夫（みずの・かずお）
1953年生。三菱ＵＦＪ証券株式会社チーフエコノミスト。著書に『人々はなぜグローバル経済の本質を見誤るのか』（日本経済新聞出版社）『金融大崩壊――「アメリカ金融帝国」の終焉』（ＮＨＫ出版）など。

佐伯啓思（さえき・けいし）
1949年生。京都大学大学院人間・環境学研究科教授。現代社会論。著書に『倫理としてのナショナリズム』『日本の愛国心』（ＮＴＴ出版）『成長経済の終焉』（ダイヤモンド社）『貨幣・欲望・資本主義』（新書館）『大転換――脱成長社会へ』（ＮＴＴ出版）など。

訳者紹介・聞き手紹介

石崎晴己（いしざき・はるみ）
1940年生。フランス文学。訳書に『帝国以後』『文明の接近』『デモクラシー以後』（いずれもトッド著、藤原書店）など。

藤本一勇（ふじもと・かずいさ）
1966年生。哲学。著書に『批判感覚の再生』。訳書に『政治』（ブルデュー著）『歴史の詩学』（ラクー＝ラバルト著、いずれも藤原書店）『存在と出来事』『条件』『コミュニズム仮説』（いずれもバディウ著、藤原書店近刊）など。

イザベル・フランドロワ（Isabelle Flandrois）
1949年生。歴史学。編著『「アナール」とは何か』（藤原書店）。

木村知義（きむら・ともよし）
1948年生。元NHKアナウンサー。21世紀社会動態研究所代表。多摩大学客員教授。

執筆者紹介

エマニュエル・トッド（Emmanuel Todd）
1951年生。歴史人口学者・家族人類学者。フランス国立人口統計学研究所（INED）に所属。著書に『世界の多様性』『新ヨーロッパ大全Ⅰ・Ⅱ』『移民の運命』『経済幻想』『帝国以後』『文明の接近』『デモクラシー以後』（いずれも藤原書店）。

加藤出（かとう・いずる）
1965年生。東短リサーチ（株）取締役チーフエコノミスト。専門は金融市場、金融政策。著書に『日銀は死んだのか？』（日本経済新聞社）『バーナンキのＦＲＢ』（ダイヤモンド社）など。

須藤功（すとう・いさお）
1955年生。明治大学政治経済学部教授。アメリカ経済史。著書に『戦後アメリカ通貨金融政策の形成』『アメリカ巨大企業体制の成立と銀行』（いずれも名古屋大学出版会）など。

倉都康行（くらつ・やすゆき）
1955年生。ＲＰテック株式会社代表取締役。国際金融論。著書に『投資銀行バブルの終焉』（日経ＢＰ社）『金融 VS. 国家』『金融史がわかれば世界がわかる』（ちくま新書）など。

榊原英資（さかきばら・えいすけ）
1941年生。元大蔵省財務官、早稲田大学教授。著書『政権交代』（文藝春秋）『日本は没落する』（朝日新聞社）『パラダイム・シフト（大転換）』（藤原書店）『強い円は日本の国益』（東洋経済新報社）ほか多数。

浜矩子（はま・のりこ）
1952年生。同志社大学大学院ビジネス研究科教授。一橋大学経済学部卒業。三菱総合研究所ロンドン駐在員事務所長、同主席研究員を経て現職。国際経済のマクロ分析。著書に『経済は地球をまわる』（筑摩書房）『あらすじで読む日本経済』（ＰＨＰ研究所）他。

ロベール・ボワイエ（Robert Boyer）
1943年生。仏数理経済計画予測研究所（CEPREMAP）および仏国立科学研究所（CNRS）教授、ならびに仏社会科学高等研究院（EHESS）研究部長。著書に『資本主義 vs 資本主義』『ニュー・エコノミーの研究』（藤原書店）等多数。

井上泰夫（いのうえ・やすお）
1951年生。現在,名古屋市立大学大学院経済学研究科教授。著書に『〈世紀末大転換〉を読む』（有斐閣）、訳書に『ニュー・エコノミーの研究』『世界恐慌　診断と処方箋』（ボワイエ著,藤原書店）など。

松原隆一郎（まつばら・りゅういちろう）
1956年生。東京大学大学院総合文化研究科教授。社会経済学。著書に『豊かさの文化経済学』『格闘技としての同時代論争』『さまよえる理想主義』『自由の条件』『消費資本主義のゆくえ』『経済思想』『「消費不況」の謎を解く』『失われた景観――戦後日

＊本書は、二〇〇九年一月刊行の学芸総合誌・季刊『環』vol.36 の特集「世界大恐慌か?」の一部を単行本化したものである。単行本化に際し、加除・修正を施した。(編集部)

「アメリカ覇権(はけん)」という信仰(しんこう)——ドル暴落(ぼうらく)と日本(にほん)の選択(せんたく)

2009年7月30日　初版第1刷発行 ©

著　者　E・トッドほか

編　者　藤原書店編集部

発行者　藤　原　良　雄

発行所　株式会社　藤　原　書　店

〒162-0041　東京都新宿区早稲田鶴巻町523
電　話　03（5272）0301
FAX　03（5272）0450
振　替　00160 - 4 - 17013
info@fujiwara-shoten.co.jp

印刷・製本　中央精版印刷

Printed in Japan
ISBN978-4-89434-694-9

独自の手法で、ソ連崩壊と米国衰退を最も早く見抜く！

エマニュエル・トッド (1951-　)

1951年生。歴史人口学者・家族人類学者。フランス国立人口統計学研究所（INED）に所属。L・アンリの著書を通じて歴史人口学に出会い、E・ル＝ロワ＝ラデュリの勧めでケンブリッジ大学に入学。家族制度研究の第一人者P・ラスレットの指導で、76年に博士論文『工業化以前のヨーロッパの7つの農民共同体』を提出。同年、『最後の転落』で、弱冠25歳にして乳児死亡率の上昇を論拠に旧ソ連の崩壊を断言。その後の『第三惑星――家族構造とイデオロギー・システム』と『世界の幼少期――家族構造と成長』（99年に2作は『世界の多様性――家族構造と近代性』として合本化）において、「家族構造」と「社会の上部構造（政治・経済・文化）」の連関を鮮やかに示す全く新しい歴史観と世界像を提示。『新ヨーロッパ大全』（90年）では多様性に満ちた新しいヨーロッパ像を提示、『移民の運命』（94年）では家族構造が各国の移民問題に決定的な影響を与えていることを分析し、『経済幻想』（98年）では家族構造に基づく経済構造の多様性の認識から、アングロ・サクソン型個人主義的資本主義を唯一の規範とするグローバリズムを批判。「9・11テロ」から1年後、対イラク戦争開始前の02年9月に発表された『帝国以後』では、「米国は唯一の超大国」といった世界の一般的な対米認識に反して、アメリカの衰退、とりわけその経済力の衰退を指摘し、アフガニスタン攻撃に始まる米国の軍事行動を、自らの覇権を世界に誇示するための「演劇的小規模軍事行動」と断定。28カ国以上で翻訳され、世界的大ベストセラーとなる。『文明の接近――「イスラームvs西洋」の虚構』（07年）では、出生率の下降と識字率の上昇を論拠に、「イスラーム原理主義」の表層的現象ばかりに目を奪われる欧米のイスラーム脅威論に反して、着実に進むイスラーム圏の近代化を指摘。08年秋刊行の最新著『デモクラシー以後』では、「エリートが自由貿易体制に疑義を呈さないことが格差拡大、金融危機につながっている」として、均衡のとれた保護主義を提唱している。

グローバリズム経済批判

経済幻想

E・トッド
平野泰朗訳

「家族制度が社会制度に決定的影響を与える」という人類学的視点から、グローバリゼーションを根源的に批判。アメリカ主導のアングロサクソン流グローバル・スタンダードと拮抗しうる国民国家のあり方を提唱し、世界経済論を刷新する野心作。

四六上製　三九二頁　三二〇〇円
（一九九九年一〇月刊）
◇978-4-89434-149-4

L'ILLUSION ÉCONOMIQUE
Emmanuel TODD

衝撃的ヨーロッパ観革命

新ヨーロッパ大全 Ⅰ・Ⅱ

E・トッド
石崎晴己・東松秀雄訳

宗教改革以来の近代ヨーロッパ五百年史を家族制度・宗教・民族などの〈人類学的基底〉から捉え直し、欧州の多様性を初めて実証的に呈示。欧州統合の問題性を明快に示す野心作。

A5上製

Ⅰ三六〇頁 **三八〇〇円**（一九九二年一一月刊）Ⅰ◇978-4-938661-59-5

Ⅱ四五六頁 **四七〇〇円**（一九九三年六月刊）Ⅱ◇978-4-938661-75-5

L'INVENTION DE L'EUROPE Emmanuel TODD

移民問題を読み解く鍵を提示

移民の運命

（同化か隔離か）

E・トッド　石崎晴己・東松秀雄訳

家族構造からみた人類学的分析で、国ごとに異なる移民政策、国民ごとに異なる移民に対する根深い感情の深層を抉る。フランスの普遍主義的平等主義とアングロサクソンやドイツの差異主義を比較、「開かれた同化主義」を提唱し「多文化主義」の陥穽を暴く。

A5上製　六一六頁　**五八〇〇円**
（一九九九年一一月刊）
◇978-4-89434-154-8

LE DESTIN DES IMMIGRÉS Emmanuel TODD

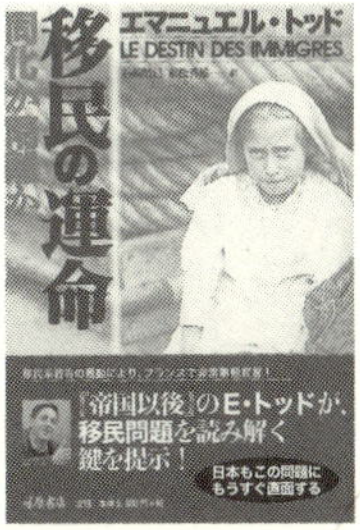

エマニュエル・トッド入門

世界像革命

（家族人類学の挑戦）

E・トッド
石崎晴己編

『新ヨーロッパ大全』のトッドが示す、「家族構造からみえる全く新しい世界のイメージ」。マルクス主義以降の最も巨視的な「世界像革命」を成し遂げたトッドの魅力のエッセンスを集成し、最新論文も収録。**対談・速水融**

A5並製　二二四頁　**二八〇〇円**
（二〇〇一年九月刊）
◇978-4-89434-247-7

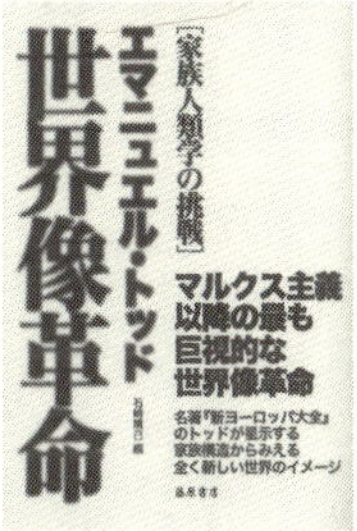

全世界の大ベストセラー

帝国以後

（アメリカ・システムの崩壊）

E・トッド
石崎晴己訳

アメリカがもはや「帝国」でないことを独自の手法で実証し、イラク攻撃後の世界秩序を展望する超話題作。世界がアメリカなしでやっていけるようになり、アメリカが世界なしではやっていけなくなった「今」を活写。

四六上製　三〇四頁　**二五〇〇円**
（二〇〇三年四月刊）
◇978-4-89434-332-0

APRÈS L'EMPIRE Emmanuel TODD

「核武装」か？ 「米の保護領」か？

「帝国以後」と日本の選択

E・トッド

池澤夏樹／伊勢﨑賢治／榊原英資／佐伯啓思／西部邁／養老孟司 ほか

世界の守護者どころか破壊者となった米国からの自立を強く促す『帝国以後』。「反米」とは似て非なる、このアメリカ論を日本はいかに受け止めるか？ 北朝鮮問題、核問題が騒がれる今日、これらの根源たる日本の対米従属の問題に真正面から向き合う！

四六上製 三四四頁 二八〇〇円
（二〇〇六年一二月刊）
◇978-4-89434-552-2

「文明の衝突は生じない。」

文明の接近

（「イスラームvs西洋」の虚構）

E・トッド、Y・クルバージュ
石崎晴己訳

「米国は世界を必要としているが、世界は米国を必要としていない」と喝破し、現在のイラク情勢を予見した世界的大ベストセラー『帝国以後』の続編。欧米のイスラーム脅威論の虚構を暴き、独自の人口学的手法により、イスラーム圏の現実と多様性に迫った画期的分析！

四六上製 三〇四頁 二八〇〇円
（二〇〇八年二月刊）
◇978-4-89434-610-9
LE RENDEZ-VOUS DES CIVILISATIONS
Emmanuel TODD, Youssef COURBAGE

トッドの主著、革命的著作！

世界の多様性

（家族構造と近代性）

E・トッド
荻野文隆訳

弱冠三二歳で世に問うた衝撃の書。コミュニズム、ナチズム、リベラリズム、イスラム原理主義……すべては家族構造から説明し得る。「家族構造」と「社会の上部構造（政治・経済・文化）」の連関を鮮やかに示し、全く新しい世界像と歴史観を提示！

Ａ５上製 五六〇頁 四六〇〇円
（二〇〇八年九月刊）
◇978-4-89434-648-2
LA DIVERSITÉ DU MONDE
Emmanuel TODD

日本の将来への指針

デモクラシー以後

（協調的「保護主義」の提唱）

E・トッド
石崎晴己訳

トックヴィルが見誤った民主主義の動因は識字化にあったが、今日、高等教育の普及がむしろ階層化を生み、「自由貿易」という支配層のドグマが、各国内の格差と内需縮小をもたらした。ケインズ名論文「国家的自給」も収録！

四六上製 三七六頁 三三六〇円
（二〇〇九年六月刊）
◇978-4-89434-688-8
APRÈS LA DÉMOCRATIE
Emmanuel TODD

1989年11月創立 1990年4月創刊

月刊
機

2009
7・8
No. 209

発行所 株式会社 藤原書店©
〒一六二-〇〇四一 東京都新宿区早稲田鶴巻町五二三
電話 〇三・五二七二・〇三〇一（代）
FAX 〇三・五二七二・〇四五〇
◎本冊子表示の価格は消費税込の価格です。

編集兼発行人 藤原良雄
頒価 100 円

われわれの知を誘導し、方向づける「空虚なことば」

「プラスチック・ワード」とは何か

イバン・イリイチ

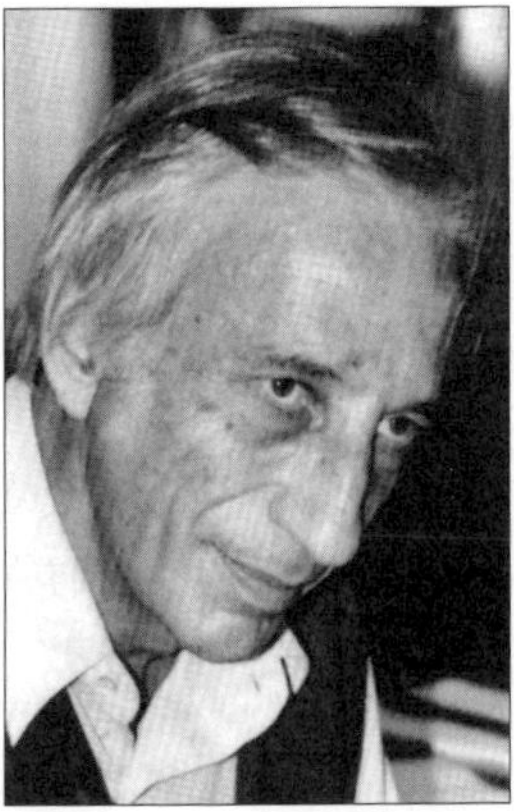

日常生活に存在する、権威をまとってはいるが内容は空虚で、だからこそブロックのように安易に組み合わされて、いつの間にか我々の認識や行動を方向付けていることば「開発」「コミュニケーション」「インフォメーション」……を、ドイツの言語学者ウヴェ・ペルクゼンは、可塑的な言葉という意味で、〝プラスチック・ワード〟と名づけた。

『環』誌最新号は、特集としてこの〝プラスチック・ワード〟を取り上げた。現在を生きるわれわれの知を誘導し方向づけていることばを批判的に検証してみたい。

編集部

● 七・八月号 目次 ●

「生命」ということばの使われ方

一九八八年、アメリカのルーテル教会での講演で、あなたは、「生命」こそ、教会がその歴史を通じて直面してきた偶像のうちもっとも強力なものかもしれないと、大変強い調子で警告を発しています。どのようなきっかけで、あなたはこの問題に気づかれたのですか？

実際のところ、「生命」(life) ということばを発するたびに突然打ちのめされるような戦慄を覚えるようになったのは、コンスタンツ湖地方からやってきた若い医学生のおかげです。

その頃かれは、「生命」ということばの使われ方を研究しはじめました。ドイツ語だけでなく、フランス語、イタリア語、英語の広告におけるさまざまな使われ方を、連邦議会や主要な教会での議論における使われ方と比較したのです。わたしはその頃から、「生命」というのは「アメーバことば an amoeba word」ではないかと考えはじめました。そして思わずぞっとしたのです。

「アメーバことば」とは何ですか？

それは、言語学者であり中世史家でもある、フライブルク大学のウヴェ・ペルクゼン教授の著作から借りたことばです。一九八〇年代の後半に、かれは次のような結論に達しました。すなわち、近代のあらゆる諸言語には、辞書に収録される際、特殊なしかたでレッテルを貼られるべき一定の語が存在しているという結論です。

ふつう辞書を見れば次のようなことがわかります。すなわち、あることばは通常の用法ではこういう意味であり、すたれた用法ではこういう意味であり、特別なしかたで組み合わされると通俗的なことばになり、別の意味では専門的なことばになるという具合です。〔しかるに〕かれは、一つの重要な語法上のカテゴリーがこれまで見過ごされてきたと考えるにいたりました。そして、そうしたカテゴリーをあらわすために「**プラスチック〔可塑的な〕ことば** plastic words」という用語をつくったのです。

かれは、「プラスチックことば」、ないしは「アメーバことば」が、きっかり二十五の特徴を有していると考えたので——ペルクゼンは非常にドイツ的な人物です——その二十五の特徴をすべて備えていないかぎり、いかなることばもそのカテゴリーに含めようとはしません。

「プラスチックことば」とは

「プラスチックことば」は強力な含意を有しています。人はそれを使用するこ

▲I・イリイチ(1926-2002)

とで自分を偉く見せることになります。かれは自分よりもそのことばについてよく知っている専門家には敬意を表しながら、同時に、自分がある種の科学的な言明をおこなっていると信じ込むのです。プラスチックことばは、会話の中に投じられる小石に似ています。つまり、それは水面を波立たせるだけで、どこにも命中しません。いま述べたようないっさいの含意を有しながらも、正確には何も意味していないのです。

たいていの場合、そうしたことばはその言語の中に昔から存在したことばでした。しかし、それらが科学による「意味の」洗浄を蒙ったのち、日常語に舞い戻ったときには、ある人びとにはわかるけれども他の人びとにはよくわからないことがらに関係した、ある新しい含意を帯びていたのです。ペルクゼンは、たとえば「**セクシュアリティ**」、あるいは「**クライシス**」「**インフォメーション**」ということばを、「アメーバことば」というカテゴリーに分類しています。

かれは各言語の中に、そうしたことばを見出しました。そうしたことばはそれぞれの言語に二十四、五個あまりしか存在せず、そのレパートリーはほぼ同じです。わたしはペルクゼンのもとを訪れ、こう言いました。「ウヴェ、わたしは最悪の「プラスチック」ことばを見つけたよ。つまり、それは「**生命**」だと思うのだが」と。すると、かれは押し黙ってしまいました。そんなことははじめてのことだったのですが、かれはわたしに対して怒りと失望を覚えているように見えました。かれは感情を害したのです。

かれがふたたびその話題に触れるようになるまでには、六ヶ月か九ヶ月はかかりました。「かれにとって」「生命」のように大切ですばらしいものが、「アメーバことば」としてふるまうということは、まったく想像しえないことだったのです。わたしは次のような結論にいたりました。すなわち、こんにちわたしが「生命」ということばを口にする場合、それはたんに、咳払いをするか、あるいは「ちぇっ」と、言っているのとそう変わらないということです。（構成・編集部）

(Ivan Illich／思想家)

聞き手・D・ケイリー

（『生きる意味』高島和哉訳より）

問題作『プラスチック・ワード』の著者来日記念。その出版から現在まで。

〈対談〉言語から図像へ

ウヴェ・ペルクゼン
糟谷啓介

糟谷　『プラスチック・ワード』以降のお仕事で、*Weltmarkt der Bilder*（『図像の世界市場』、邦訳小社近刊）は、言葉ではなくて、「図像 Bild」について書かれた本ですが、言葉から図像へ関心が移行された動機というか、理由というのがありますでしょうか。

ペルクゼン　このような関心を持つにいたった背景には、私が自然科学者とともに自然科学の言語についてセミナーを持っていたということがあります。自然科学の言語についてはもともと関心を持っていたわけですけれども、自然科学者との交流の中から視覚化への関心が生まれました。

興味深いことに、ほぼ同時にイリイチとその周辺からも同じような問題関心が生まれていました。私は、イリイチとは少し違った方法でアプローチを試みました。視覚的な領域においても、言語と同じように類似する記号システムがあるのかどうかを問いたかったわけです。プラスチック・ワードのように歴史をつくるシステムが、視覚の世界において存在するかに関心がありました。

そこで、私の目を引いたのは曲線です。例えば選挙戦においては多くの曲線が登場します。失業率が増えるか減るか、国内総生産がどう変わるかなどひたすら曲線をめぐって論戦が繰り広げられます。その最大規模のものとして指数関数的な人口曲線が挙げられます。世界の人口を一つのまとまった単位として、操作可能なものとしてとらえること自体が、全く新しい理解の仕方、新しい概念ではないかと思いました。

あるいはウォルフガング・ザックスの青い惑星・地球に関する論考にも考えさせられました。「青い惑星」という表象にはどういう意味があるのでしょうか。惑星を一つのまとまりとして、しかも外からの視線でみるということは公の視

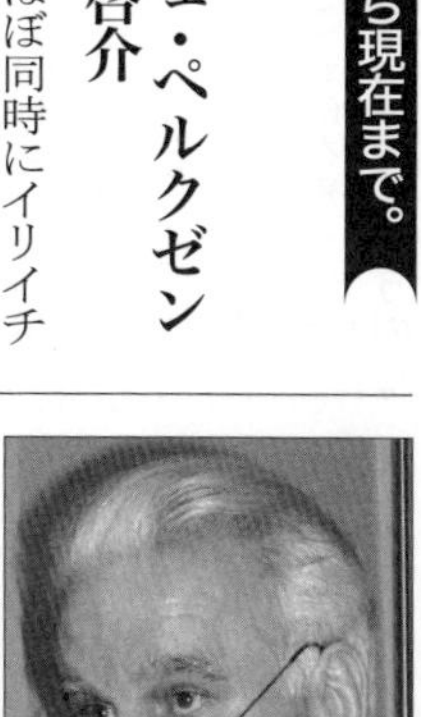
▲ウヴェ・ペルクゼン氏

線としては全く新しいことなのです。

図像に私が注目したきっかけとしては、特に一九九一年の湾岸戦争が大きいです。このとき、図像がニュースや紙面に盛んに登場するようになります。湾岸戦争はそもそもの作戦計画から言っても、図像によって行われた戦争であったという意味で、ハイテク戦争の先駆けだったわけですけれども、そのことが新聞においても盛んに登場するようになるきっかけになったと思っています。

▲糟谷啓介氏

もう一つ別の背景として、自然科学者との交流の中で、私は視覚が持っている認識の道具としての重要性を非常に認識するようになりまして、視覚化がないと多くの知見はそもそも得られないということを認識するようになりました。一方で、そのような視覚化はメタファー、仮説にすぎないというのも事実です。

科学用語が元々私の関心の出発点でしたけれども、視覚化が科学用語と同じように、エコノミストや政治家に使われてポピュラー化することでいわばプラスチックワールドを築くのかということに関心がありました。

糟谷 **そうしますと、この中で強調されているのはむしろ視覚のプラスチック・ワード化、プラスチック・ワードとしての視覚だということでしょうか。**

ペルクゼン 私は当時まだほとんど行われていなかった図像批判を行ったわけです。今日では図像批判は盛んになってきていて、もう既に一種の流行になっています。この本を書いたとき私は、言語は視覚的なものとは違った役割や可能性を持っているということを、特に最後の方で書きました。言語の可能性に関する記述は今でも妥当だと思っています。一方で視覚的なものが持つ力は、私が当時思っていたよりも大きいということを今では認識するようになりました。つまり視覚的なものの特徴はより複雑であるし、より大きな可能性を持っているということが、多くの学生や自然科学者との交流から理解できるようになりました。

（全文は『環』38号に掲載）（**木村護郎クリストフ・訳**）

（Uwe Pörksen／言語学者）

（かすや・けいすけ／一橋大学教授）

『環』38号〈小特集・「森崎和江」を読む〉

精神史の旅――明日へと生きる

森崎和江

　戦後六十四年となったこの春、『コレクション精神史の旅』（全五巻）刊行祝が、九州の元石炭都市・田川（たがわ）市で行われた。本来なら私が東京へ伺いたいのだが、今の私は自宅の近くの散歩が精一杯で外出は難しい。この日は、次世代孫世代を中心とした友人達と共に、厚意のひとときを楽しく過ごした。

　かつて近代化の源泉だった炭田地帯は、玄界灘の近くから内陸の各地へと、いずこも見事に昔日の面影を失っていた。消え果てた時空にありありと浮かぶ在日のオモニ（母）達の姿。それはコレクション刊行の直前に藤原書店から出版の『草の上の舞踏――日本と朝鮮半島の間に生きて』に掲載され、その一端はコレクションにも入っている。田川市の東の山並のあちら側で、例年、チャングを打ち鳴らして踊り合ったあの人この人の姿である。「オモニ！」と無言の叫びが突き上げた。同時に、彼女達の原郷分断の現実が今尚深刻な冷戦状況下にあることと二重写しとなって迫る。

　〈コレクション全五巻〉は、植民地で誕生し十七歳まであの半島の天然自然界と、民族服の老若男女の既知・未知の方達やその集落から溢れ来るいのちの風をむさぼり愛した植民二世の原罪意識を、かさぶたを剥ぐように剥いで来た歳月の足跡である。こうして纏めていただき、今になって振り返ると、これは私には奇跡としか言いようがない。

　見知らぬ列島の「留学」先で敗戦を迎え、燃え落ちた学校の借り校舎先の博多港から、連日、トラックが「マンセー、マンセー」と叫ぶ人々を船へと運ぶ。クラスメートに「あの方々は何方（どなた）なの？」と尋ね、初めて朝鮮半島から働きに来た人びとの存在を知った。この植民二世の愚かさ。

　私は教室で使う標準語ではなく、聞き取れない方言界の底深くに生き継いでいると感じられる列島の歴史文化を、なんとかして知りたい、踏み入りたい、そして生き直して半島の大地に伏して謝罪したい、と祈った。（後略）

（全文は『環』38号　構成・編集部）

われわれの知を誘導し、方向づける「空虚なことば」

学芸総合誌・季刊

環【歴史・環境・文明】

2009年夏号　vol.38

KAN : History, Environment, Civilization
a quarterly journal on learning and the arts for global readership

〈特集〉「プラスチック・ワード」とは何か

菊大判　360頁　3360円

金時鐘の詩　「失くした季節」　　石牟礼道子の句　「水村紀行」

「シベリア出兵は後藤新平の失敗か？」　V・モロジャコフ
「鶴見和子　山姥を生きる――晩期三歌集読解」　中路正恒
〈対談〉「ケインズ主義からケインズへ」　G・ドスタレール＋松原隆一郎（中野佳裕訳）

■特集■

「プラスチック・ワードとは何か」ウヴェ・ペルクゼン　糟谷啓介訳
「プラスチック・ワードの『発見』」ウヴェ・ペルクゼン　安川晴基訳
「生命――最悪のプラスチック・ワード」イバン・イリイチ　高島和哉訳

「遺伝子」シルヤ・ザメルスキー　和田知代訳
「効用」サジェイ・サミュエル　高島和哉訳
「改革」石井洋二郎／「プロジェクト」宇野重規／「責任」小坂井敏晶／
「生命」竹内敏晴／「所有」立岩真也／「ストレス」三砂ちづる／「支援」芹沢俊介／
「リスク」三神万里子

〈『プラスチック・ワード』を読む〉
北川東子／西川長夫／新保祐司／山本哲郎／塚原史／柏木博／太田阿利佐

〈対談〉「『一九八四年』から「プラスチック・ワード」へ」
ウヴェ・ペルクゼン＋糟谷啓介　（木村護郎クリストフ訳）
「ドイツ語圏言語批判の系譜とカール・クラウス」　安川晴基
「図像の世界市場（抄）」　ウヴェ・ペルクゼン　眞鍋正紀訳

■小特集■　「森崎和江」を読む

「精神史の旅――明日へと生きる」　森崎和江
鈴木英生／河野信子／斎明寺以玖子／高橋順子／うりうひさこ／
坂口博／朴才暎／三砂ちづる／水溜真由美／松井理恵／茶園梨加

書物の時空
〈新連載〉明治メディア史散策１　再考すべき人々　粕谷一希
〈書評〉『輿論と世論』　村井良太　／　『救済の星』　早尾貴紀
〈名著探訪〉大沢文夫／高橋英夫／安丸良夫

〈寄稿〉「琉球史を世界史の中で捉える」　松島泰勝
〈寄稿〉「望郷・ふるさと志向・愛国心」　王敏
〈寄稿〉「いま歴史を語るということ」　伊藤綾

連載
〈古文書から見た榎本武揚――思想と信条　2〉　戊辰の嵐に、立つ　合田一道
〈近代日本のアジア外交の軌跡　6〉中国・朝鮮の民衆運動と日本外交　小倉和夫
〈水の都市論――大阪からの思考　7〉　災い　橋爪紳也
〈伝承学素描　14〉　古代丹波からの布石　能澤壽彦

気鋭の論者による「世界経済危機」論。「危機」の核心に迫る！

ドル暴落は起こるのか？

――Ｅ・トッドの予言をめぐって――

加藤　出

トッドの「予言」のタイムラグ

Ｅ・トッドの言葉は、金融市場の参加者にとっても非常に刺激的である。彼は、『帝国以後』の中で、アメリカ合衆国に投資してきたヨーロッパ、日本、その他の国の投資家たちは「早晩身ぐるみ剥がれることは間違いない」と指摘していた。確かに、それらの投資家は大損害を被ってしまった。トッドは「人類史上最大の金融詐欺」を米国が行ったと糾弾している。

ただし、トッドの「予言」を個人投資家が投資判断のタイミングに使うことは難しいかもしれない。あまりに鋭く本質を見抜いているがゆえに、時間軸が長いからである。彼がソ連の異常に高い乳幼児死亡率を根拠に同体制の崩壊を予想した『最後の転落』は一九七六年の著作だ。最終的にソ連が崩壊するのは一九九一年である。予想の実現が遅れたというよりも、先行き体制を揺るがすことになる矛盾の「萌芽」をかなり早い時期から彼が察知していたということだろう（彼は「一〇年、二〇年、ないし三〇年以内の崩壊」を予想していた）。また、彼は米国で「早晩、前代未聞の規模の証券パニック」が起きると予測した。それは的中するが、「予言」から五年後のことであり、米国の住宅・信用バブルはその間に一段と燃え盛っていた。とはいえ長期的なリスクの所在を探知するには、金融市場参加者もトッドの指摘に注目する必要があるだろう。

ドルを支える「信仰」

トッドは『帝国以後』の中で、「前代未聞の規模の証券パニックに続いてドルの崩壊が起こる」と書いていた。「前代未聞の証券パニック」は発生したが、それに続く「ドルの崩壊」は未だ起きていない。むしろ、証券パニックの深化とともにドルは上昇を見せた。ＦＲＢが発表している貿易額を基に算出した広範囲の実質ドル・インデックスは、二〇〇八年八月以降、急上昇した。

一方、トッドは別の観点から、下落しないドルに関し、次のような示唆に富む発言を行っている。経済的覇権は必ずし

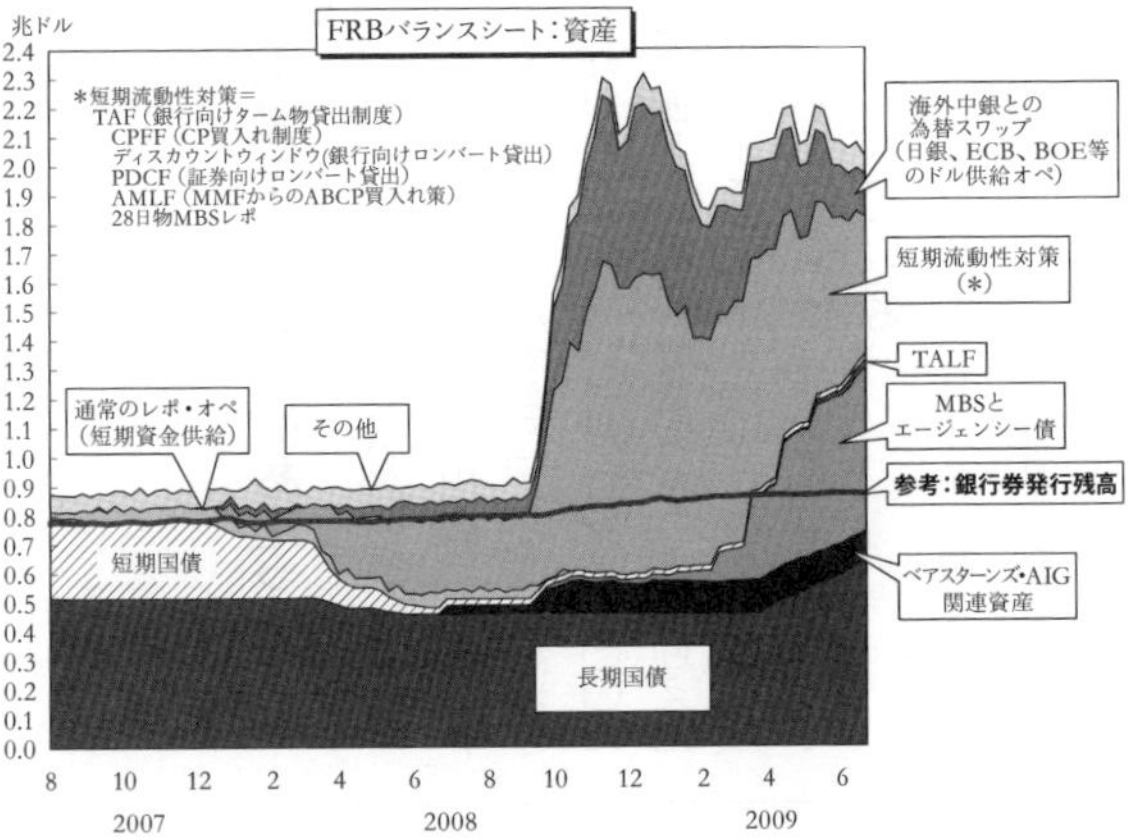

▶大規模な信用緩和政策により、三カ月で二・五倍に膨張したＦＲＢの資産。この超過準備の吸収がドル信認の鍵を握る。

も悪くない。第一次大戦後にイギリスの経済的覇権は崩壊したが、「それは筆舌に尽くし難い混乱」を引き起こした。それゆえ、経済的な面で人々がアメリカの覇権の消滅を恐れていることは理解できる。二月二七日放映のＮＨＫ・ＢＳ『未来への提言』で、トッドは次のようにも語っていた。「何より最終的な強みは、同盟国がアメリカの消滅を恐れていることです。リーダー不在の世界は不安ですから、人々には『幻想』が必要なのです。」

麻生首相は二〇〇九年二月二七日に「ドルの基軸が安定していることの方が、われわれにとって国益が大きい」と語った。また、与謝野財務・金融・経済担当相は、六月二五日に、「われわれは米国の基軸通貨体制を支持するものであり、日本の決済手段としてのドルを基軸通貨として使うという基本方針は今後も変わらない」と述べている（ロイター）。

中国やロシアはドル基軸通貨体制に牽制を発しているものの、トッドが言う「アメリカの経済覇権継続を信じたい」という周辺国の「信仰」は、欧州などライバル経済の「敵失」も作用して当面持続されそうである。もし、米国政府がインフレを起こして海外からの借金の実質価値を減価させようとしたり、政府がＦＲＢに紙幣を刷らせることで安易に財政赤字を賄おうとしたりすれば、国際金融市場でドルに対する不信感が急速に高まり、「信仰」は急速に崩れるだろう。（後略）

（かとう・いずる／東短リサーチ・チーフエコノミスト）

「古代史」の碩学による最新の論考、エッセイの集成。

歴史と人間の再発見

上田正昭

本書をまとめるにあたって

すぐれた先輩、友人があいついでこの世を去った。それぞれの出会いとまじわりのなかから学んできたことは、数えきれないくらいに多い。私自身が二〇〇九年の四月二十九日で満八十二歳を迎えたが、いまさらのように先立った人びとの交遊がありがたく、懐しさがこみあげて胸いっぱいになる。

二〇〇八年の十二月、角川源義賞式典後のパーティで、藤原書店の代表である藤原良雄さんとお目にかかった。そのおりに、私が新聞や雑誌などに書きとどめてきた論文・エッセイ・講演などをまとめてみないかとのおすすめをうけた。「歴史と人間の再発見」というテーマでまとめたいと想っていたおりでもあって、そのお言葉に甘えることにした。

渡来人の寄与

一九五〇年の三月に京都大学文学部を卒業して以来、一貫してアジアとりわけ東アジアのなかの日本の歴史と文化を中心に研究を積み重ねてきた。その歩みについては、満八十歳のおりに、求めに応じて執筆した「日本人とは何か、日本文化とは何か——研究史六十年をかえりみる」（大阪商業大学『地域比較研究所紀要』第十号）に詳述したが、その初期の仕事で忘れがたいのは、一九六〇年の六月の『帰化人』（中公新書）である。

「帰化」と「渡来」とがどう違うのか、「古代法」にそくしてその本質を論究し、あわせてあしき「帰化人史観」の打破と克服をめざして、いかに朝鮮半島から渡来してきた人びととその子孫が、日本の歴史と文化の発展に大きく寄与してきたかを、史実にもとづいて考察した。

たとえば天平勝宝四（七五二）年の四月、東大寺大仏の開眼供養会が盛大に挙行されたが、その見事な高さ五丈三尺五寸の毘盧舎那（びるしゃな）大仏（座像）を鋳造した現場のリーダーの大仏師国中公麻呂（くになかのきみまろ）は、在日の三世であり、延暦三（七八四）年に平城京から長岡京へ、そして延暦十三年長岡京から平安京へと都を遷した開明派の三都のみかど――桓武天皇の母（高野新笠）が、百済（くだら）の武寧王（ぶねいおう）の血脈につながる人物であったことを指摘したのも、その著書においてであった。

「人権文化」輝く世紀へ

私が被差別部落の問題の重要性を肌で実感し、在日のみなさんの問題が日本人みずからの問題につながることを教育の場で認識したのは、本書に収めた「一九四九年の春」のとおり、京都大学の三回生のおりと、翌年の京都府立鴨沂高校三年十一組のクラス担任となった時からであった。

▲上田正昭氏（1927-　）

爾来部落問題及び在日の問題に微力ながら歴史研究者のひとりとしてたずさわってきたが、この『歴史と人間の再発見』所収の論考にも、その軌跡が反映されている。朝鮮半島の歴史と文化と日本列島の史脈には、まさに「一衣帯水」の密接なかかわりがある。

二十世紀は人権が受難した世紀であった。二十一世紀は人権文化が輝く世紀であってほしいと心から念願しているが、人権文化 culture of human rights という用語が、ひろく使われるようになったのは、一九九四年十二月の第四九回国連総会からであった。「人権教育のための国連十年」を決議し、その「行動計画」で高らかに「人権文化」の普遍性が強調された。

その定義はまちまちだが、私は「人間の幸せを自然と共に構築する、その行動とみのり」が「人権文化」であるとうけとめている。人権文化が輝く新世紀実現へのプロセスに、この書が多少なりとも寄与するところがあれば幸いである。

（うえだ・まさあき／日本史家）

歴史と人間の再発見
上田正昭

目　次

Ⅰ　平城京と平安京・京都
古代日本の渡来人、平安期の漢文化。
Ⅱ　日本と朝鮮半島
「帰化」でなく「渡来」の視点から辿る古代史。
Ⅲ　ふるさとと人権
一九四八年、部落問題との出会い。
Ⅳ　わが師友(一)
松本清張、司馬遼太郎との交友を語る。
Ⅴ　わが師友(二)
江上波夫、米山俊直、岡部伊都子を語る。

四六上製　二八八頁　二七三〇円

日本人が最も苦手とする「外交」。そのロジック、力学とは何か?

「在外」日本人研究者がみた日本外交

原貴美恵

日本の安保理入りを阻んだもの

本書は、海外を拠点として活動してきた「在外」日本人研究者による日本外交及び対外政策についての論文集である。

二〇世紀末から二一世紀初頭にかけての日本外交は、グローバルなレベルでの「変化」と地域的なレベルでの「停滞」への対応が際立つようになった。米ソ二極構造の崩壊、加速化するグローバリゼーションと相互依存の深化、そして国際平和に対する脅威の多様化といった国際社会の変化を背景に、日本は資金面だけでなく、人的貢献の面でも世界の平和と繁栄に積極的役割を果たすべく努力を重ねてきた。そして二〇〇五年、成立六〇周年を機に活発化した国連改革の動きの中で、安全保障理事会常任理事国入りをその年の第一外交目標に掲げ、総力を挙げて外交活動を展開した。日本としては、それまでの貢献を踏まえ、またその貢献に見合った政治的影響力の拡大を目指したものの、結局その試みは挫折に終わった。

日本の安保理入りには、各国の思惑が絡み合った様々な要因が障害として立ちはだかった。中でも突出したのは他でもない東アジア隣国の反対である。その背景には、「過去の清算」或いは「負の遺産」問題がある。領土問題や歴史解釈問題、とりわけ小泉首相が就任以来公約として行った靖国神社参拝等は、終戦六〇周年でもあるこの年、東アジア各地に燻り続けていた反日ナショナリズムを再燃させた。

こうした状況に問題意識や危機意識を強めた識者は少なくない。世界の中で日本は今後どのような地位を占めていくのか。地球規模での日本の国際的役割と東アジア隣国との関係をいかに前進させていくのか。新しい変化により効果的に対応するため、従来から存続する諸問題の袋小路状態打破のため、そして地域での孤立化を防ぐためには何が必要なのか。従来とは異なる角度から、岐路に立つ日本外交を再検討すべきではないのか。新旧交錯する国際関係の潮流の中で日本外交が抱える矛盾が露呈したこの二〇〇五年、本書の企画はこうした問題意識から発案された。

在外日本人研究者のみによる初の共同研究

改めて指摘するまでもなく、日本外交に関してはおびただしい数の文献が存在する。それらには理論的検討から実証的検証までアプローチも様々であれば、執筆されている言語も日本語・英語はもとより他の外国語でも多くの文献が存在する。執筆形態も単著、共著、共同研究書（編書・共編書）などがある。共同研究書では日本を拠点とする（即ち「在日」）日本人・外国人研究者によるものから、海外の外国人研究者によるもの、或いは在日・在外研究者共同のものまで、その形態は様々である。しかし、数多くの共同研究がありながらも、在外日本人研究者に視点を揃えた共同研究の前例はみあたらない。

▲原貴美恵氏

日本の国際化が言われて久しく、近年では海外で博士号を取得し帰国する日本人研究者の数も増えている。こうした「帰日」研究者が日本における日本外交研究に新しい視点を持ち込んでいる点は否めないが、その一方で、国際化という点では帰日組よりもはるかに海外生活、研究、就労経験が長く、より複眼的視野が養われているはずの在外日本人研究者からの祖国へのフィードバックは、個人レベルに留まっており、ともすると閉鎖的な日本の学界の体質に阻まれがちである。それゆえ本書は、在外という独特の経験と立場を共有する研究者が協同して、日本外交の研究に一石を投じることを試みるものである。本書の企画には米国、カナダ、英国、シンガポール、ニュージーランド及び豪州を拠点としていた在外日本人研究者が参加した。（後略）

（はら・きみえ／ウォータールー大学教授）

「在外」日本人研究者がみた日本外交

現在・過去・未来

原貴美恵編

A5上製　三一二頁　五〇四〇円

第Ⅰ部

1　ソフトパワーからハードパワーへ　赤羽恒雄
2　日本の安全保障政策と国内議論　平田恵子
3　日本の海外派兵決定の分析　佐藤洋一郎
4　日本の対外政策の中の「沖縄」　丹治三夢
5　日本の多国間安全保障政策　芦澤久仁子

第Ⅱ部

6　分割された東アジアと日本外交　原貴美恵
7　日本外交と東北アジア地域システム　池田哲
8　戦後日本の中国政策　高嶺司
9　東アジア地域主義と日本　寺田貴
終　国際権力政治の論理と日本　川崎剛

〈第17回「野間宏の会」〉

文学よ、どこへゆく？

——世界文学と日本文学——

二〇〇九年六月十三日
日本出版クラブ会館

「野間宏の会」は、全体小説を志向した作家・野間宏が一九九一年一月二日に亡くなった後、九三年に発足した。毎年講演会やシンポジウムを催してきて、今年で早や十七回目となる。

今回は、若手作家らが集まり、野間文学、戦後文学から世界文学まで視野に入れ、「文学」というものがこれまでどのように在り、またこれからどのように在るのかをめぐり議論した。パネラーは作家の奥泉光氏、姜信子氏、佐伯一麦氏、そしてフランス文学者の塚原史氏の四名。

まず「問題提起」として、四名のパネラーがそれぞれ発表した。

奥泉氏は、自身の作品を構築するにあたって、戦後派には最も影響を受けたことを明かし、文学とは人間のあり方をとことん追求するものであるという古典的な捉え方が今こそ意味をもちうることを、持ち前の話術で笑わせながら熱く語った。

姜氏は、韓国と日本のはざまにあると安易に言われがちな自らの存在にふれながら、南島で土着の歌をきいた体験から直感した原初的な文学の姿、そして光のもとにではなく闇を求めての道程を、詩的な言葉を使いつつイメージ豊かに語った。

佐伯氏は、高校時代から読みつづけてきた野間文学を、「言葉でこの世を捉えなければならない」という決意をもつに至った自らの歩みと重ねつつ、「私小説」と言われながら「私」がなくなってゆくという方向性も提示しながら、しかも私へと収斂するあり方を述べた。

最後に塚原氏は、ヴェルコール『海の沈黙』と野間宏『暗い絵』を比較しつつ、二項対立でなく「第三の道」としてのあり方を語った。

そして、恒例の野間宏作品の朗読（児玉朗氏、『さいころの空』より）や、野間宏の詩作品の弾き語り（ギタリスト・原荘介氏）をはさみ、特別ゲストとして野間宏夫人光子さんへのインタビュー（紅野謙介氏）も行われ、家庭での野間宏の知られざるエピソードに会場は沸いた。

最後に、富岡幸一郎氏（文芸評論家）を司会に、先の四名による野間宏をめぐる熱いディスカッションが行われた。

（記・事務局）

〈第三回後藤新平賞〉

受賞者 緒方貞子さんに

「後藤新平の会」（事務局長・藤原良雄）主催による、第三回後藤新平賞の受賞者が決定した。本賞受賞者は、国際協力機構（JICA）理事長の緒方貞子氏。授賞式は七月一八日、日本プレスセンター（千代田区内幸町）で行われる。

後藤新平賞は、日本の近代化の過程において、百年先を見通した時間的・空間的スケールの大きな政策を構想し、「人」を育てながら地域や国家の発展に寄与した後藤新平（一八五七―一九二九）の生誕一五〇周年を記念し、二〇〇七年に設けられた。

日本の国内外を問わず、後藤新平のように文明のあり方そのものを思索し、それを新しく方向づける業績を挙げた人物を一年に一度選考し顕彰する。第一回は元台湾総統の李登輝氏、第二回の本賞は元東京都知事の鈴木俊一氏、奨励賞はNPO法人コモン・グラウンド・コミュニティのロザンヌ・ハガティ氏に贈られた。

緒方貞子氏は十年間にわたって国連難民高等弁務官として、その後はアフガニスタン支援政府特別代表、国際協力機構（JICA）理事長として世界の貧困・難民問題に取り組んできた実績と、徹底した「現場主義」の姿勢が、スケールの大きい真の国際人であるとの評価を受けての受賞となった。

（記・編集部）

〈二〇〇九年度「後藤新平の会」シンポジウム〉

後藤新平と同時代人 *Part1*

【伊藤博文／桂太郎／原敬】

「後藤新平の会」主催の二〇〇九年度のシンポジウムが、七月一八日、日本プレスセンターで開催される。今年度は新たなテーマ「後藤新平と同時代人」のもと、後藤新平の人的ネットワークの広がりをさまざまな切り口から解き明かし、近代日本の主要人物たちの群像のなかに、後藤新平を位置づける試み。

壮大なビジョンに基づく政策を実行した後藤新平だが、その仕事の背後には、「一に人、二に人、三に人」という名言にもあるように、まず何よりも「人」があった。その人間関係は、後藤を抜擢した先達、同世代の政治的ライバル、財界とのつながり、海外の重要人物との交流など多岐にわたり、全貌はまだ完全には明らかになっていない。

シンポジウムでは、政治学の御厨貴氏による基調報告「伊藤博文・桂太郎・原敬と後藤新平」に、評論家の粕谷一希氏、比較文化論の上垣外憲一氏、日本近現代史の千葉功氏、劇作家の堤春恵氏がコメントとディスカッションを行う。

（記・編集部）

＊詳細は三二頁をご覧下さい。

リレー連載　一海知義の世界　11

『貧乏物語』の探訪

青山由起子

『貧乏物語』の三種類の表紙

もう五、六年前のことになるだろうか、河上肇のベストセラー『貧乏物語』を探訪する旅が始まった。きっかけは、「それは面白いなあ。ぼくも見たい」という一海先生の言葉である。

『アルバム評伝　河上肇』(西川勉編、新評論、一九八〇年)のことを一海先生から聞いて買い求め、そこで初めて『貧乏物語』の表紙が三種類あるのを知った私は、河上肇の型破りな出版に衝撃を受け、三冊の古ぼけた表紙が並ぶモノクロ写真に惹きつけられた。そして何の雑談の折だったか、「三冊とも実物を見てみたいです」と口に出したのである。

とかくそういうものだとは思うが、自分の好奇心がエライ先生から賛同を得ると、探究の導火線に火をつけられたように資料調査を始めることになったりする。読游会にはそんな火付け役が何人かおられるが、その筆頭は何と言っても一海先生だろう。しかも一海先生の賛同はただの賛同ではない。探索方法の助言と援助という恵み付きであった。

『貧乏物語』(弘文堂書房)が一世を風靡したのは、もう九十年近く前のことである。大正六年三月に初版が出て、二年間に三十版を重ね、河上自身によって絶版となっている。『貧乏物語』出版における経緯は、これも一海先生の助言によって知った故脇村義太郎先生の「『貧乏物語』前後」(『世界』一九七六年三月号)に詳しいが、この時すでに「もう数年早く着手すれば」と述べられている。

それに遅れること三十年、私の調査対象は脇村先生も調査未完のままの「装丁」である。証言の聞き取りや現物購入には遅すぎるとはいえ、インターネットでの本の検索なら時機到来というものだ。三種類くらいすぐに図書館で見られるだろう。そう思ったのはあさはかだった。

表紙が傷んでまったく別物に補修された図書館の『貧乏物語』に、何度がっかりさせられただろう。本の内容は重視しても装丁は軽んじる、あるいはそうせざるをえなかった保管の歴史を実感して、装丁者の無念を思ってみたりしたものだ。

多様なデザインに魅せられ

機会を見つけては現物を探し、三種類の表紙を確認し終えた頃、私は次々にわく疑問を抱いて、この探訪の長期化を予感していた。その一つは、デザインが異なるのは表紙だけではない、と気付いたことだった。表紙裏の絵や遊び紙の版画なども異なっている。また、岩国の生家で、「莞爾として」手に取られたかもしれない初版の上製本を拝見したが、なんとそれは絵付きの紙箱に入っていた。さらに、並本の初版には表紙と同模様で色違いのカバーがついていた。箱もカバーも貴重な証拠品だ。

デザインはどれも学術書臭がなく、『貧乏物語』という小説のごとき題名にふさわしい生命感とエスプリを感じさせる。

▲河上肇記念会総会にて（2003 年）
撮影・矢吹正夫

そんな装丁の比較に始まった探求は、やがて各版の校勘に及び、「まさかそんな」のミステリーまで出現して、私の報告は一海先生を面白がらせた。とうとう百冊ほどの本を見てきたことになる。

（後略　構成・編集部）

（あおやま・ゆきこ／大手前大学非常勤講師）

リレー連載　今、なぜ後藤新平か　47

後藤新平と出雲大社

エコノミスト　玉手義朗

出雲への旅

出雲大社に参拝するために、寝台列車「サンライズ出雲」に乗る。東京駅を午後一〇時に出発した列車が出雲市駅に着いたのは一二時間後の翌日午前一〇時。しかし、列車の旅はここで終了、出雲大社へは路線バスに乗り継ぐという、億劫な道のりが残されていた。

同じ不便さを後藤新平も感じていた。後藤新平が出雲大社を訪れたのは鉄道院総裁を務めていた明治四三年九月。出雲今市駅（現出雲市駅）に到着した一行は、人力車で出雲大社に向かった。この道は雨が降ると泥道になるなど、参拝客の不評を買っていた悪路で、地元は鉄道の敷設を熱望していた。「後藤逓相参拝の際、親しくその困難を感じその便を図らんことを随行の技師に談話せし……」と地元新聞が伝えたように、後藤自身も鉄道の必要性を痛感、出雲大社へ向かう大社線の敷設が事実上決定されたのだ。大社線の営業開始は明治四五年六月、後藤の来訪から一年九ヵ月後という早業だった。

先進的な経営思想

初代の鉄道院総裁に就任した後藤は、地方の声を重視した鉄道網の整備を推進した。全国を五つの管理局に分け、局長には第一級の人材を配置した。一方で、鉄道院本院の局長には若手を任命、「直接の衝に当たらぬ本省の局長連が横槍を入れる事はよろしくない」と、関与を認めなかったという。「地方分権」の考えを先取りする大胆な発想であり、大社線の建設もその一例だったのだ。

経費節減の徹底や、民間への業務移譲など、効率的な鉄道院の運営を目指した後藤だが、中でも強く推進したのが「独立会計」の導入だった。巨額の投資を必要とする鉄道事業では、公債発行など資本市場からの資金調達が不可欠だ。しかし、鉄道院の会計は国家予算との区別が曖昧で不透明、資本市場の信頼は得られず、資金調達に支障が生じる恐れがあった。「独立会計」によってディスクロージャーを徹底し、資金調達を円滑にしようとした後藤は、現代の企業経営にも共通する経営思想の持主だったのだ。

大社駅の場所選定の謎

合理的で大胆な後藤の発想は、大社駅の場所の選定でも発揮された。出雲大社への玄関口となる大社駅だが、その場所は、出雲大社から二キロ近くも離れている。なぜ、出雲大社の目の前に建設されなかったのか。

▲旧大社駅（島根県出雲市）

大社駅を巡っては二つの地区が誘致合戦を展開、場所の選定作業が難航していた。これを聞いた後藤は「**二つの町を結び、その正三角形の頂点に建設する**」との裁定を下したという。「**二つの町の中間」ではなく、より遠い場所を選んだのは、「駅が出雲大社に近すぎると、商売に差し支える」という住民の声に配慮**したためだというのだ。経済合理性を優先した後藤らしい裁断だ。

大社線の開通によって出雲大社とその界隈は大いに賑わった。開業を迎えた明治四五年六月の参拝客数は前年の三倍以上、土産物店の一軒平均の売上も二倍になる。大社駅の乗降客数も増加を続け、ピークだった昭和四二年には、東京や大阪からの直通列車が乗り入れ、一日の乗降客数は一万人を突破したのだった。

後藤の功績を継承できなかった国鉄

出雲大社から徒歩で二〇分余り、到着した大社駅は静寂に包まれていた。大社線は一九九〇年に廃止され、現在は駅舎が残されているだけ。出雲大社の玄関口らしく寝殿造りの「和風駅舎」は大正一三年に建設された二代目で、重要文化財に指定されている堂々たるものだ。しかし、肝心の鉄道は失われ、出雲大社への道のりは、明治四五年以前に逆戻りしてしまった。後藤の経営思想とは相反する国鉄の放漫経営が、最大の原因であったことは言うまでもない。

日本の鉄道網の大きさを実感させる一二時間の列車の旅と人気のない大社駅。出雲への旅は、先進的な経営思想で日本の鉄道の礎を築いた後藤新平の功績と、それを継承できなかった国鉄の蹉跌を教えてくれるものとなったのである。

（たまて・よしろう）

Le Monde

■連載・『ル・モンド』紙から世界を読む　77

「無恥のきわみ」

加藤晴久

「スリランカ政府軍とタミル武装勢力の戦闘で民間人数千人が犠牲に　国連とNGO、《重火器使用》と《国際法違反》を憂慮」

『ル・モンド』のフィリップ・ボロピオン記者がニューヨークの国連本部から送った記事の見出しである（五月十三日付）。

スリランカ国民の七四％は仏教徒のシンハラ人だが、北部と東部に住む十五％のタミル人はヒンドゥー教徒。シンハラ語を公用語化するなど、少数民族の権利を抑圧する一九七二年の憲法改正に反撥して結成されたタミル・イーラム解放の虎（LTTE）が分離独立をめざして武装闘争を続けてきた。〇五年に選出されたナショナリスト、ラジャパクサ大統領は去年の十一月以降攻勢を強め、五月十七日、LTTEの幹部二五〇人を追い詰めて殲滅。内戦勝利を宣言した。

ボロピオン記者の記事は、この最終段階で、数万人の民間人を人間の盾にして抵抗するLTTE残党に対して政府軍が容赦なく重火器を使用しているため多くの犠牲者が出ている事態に、国連でスリランカ政府に対する非難の声が高まっていることを伝えるものだった。パン・ギムン事務総長は国際法違反を非難（二三日には急遽現地に乗り込んだ）。ニューヨーク来訪中のフランスのクシュネール外相と英国のミリバンド外相も安全保障理事会がこの問題を取り上げることを要求した。十五理事国のうち九ヵ国の賛成が必要だが、中国とロシアはスリランカの国内問題として反対。非常任理事国のヴェトナム、リビア、トルコ、そして日本も消極的。NGO「国際危機グループ」の専門家は「第一のスリランカ援助国日本の腰の引けた姿勢は無恥のきわみ（une honte absolue）」と批判した。

「日本は欧米と比べてスリランカ政府寄りだとの批判もあります」と問われたスリランカ担当日本政府代表の反論は「欧州諸国のように公然と非難するだけが外交ではない」（朝日新聞、五月二十日付）。

だがこれは、日本の新聞に載ったインタビュー。国際世論の耳に届かない。

（かとう・はるひさ／東京大学名誉教授）

リレー連載　いま「アジア」を観る　79

探す場所

黒井千次

「アジア」とは土地であるか、人であるか、と考えることがある。

第一義的には土地であろうけれど、しかし我々が日々の暮しの中でその言葉を口にするのは、土地の呼び名としてよりも、そこで生れ、育ち、死んでいく人間、つまり人種、民族に関わる話題としての方がより多いように思われる。アジア大陸の地勢や風土や変動を語るより、アジア人の思想や感情、行動や文化を論ずる機会の方が遥かに多いに違いない。

しかし、土地と人間とを一括りにした国という便利な仕組みに頼らずに、土地と人間とを区別した上で「アジア」について考えようとする時、そこに浮かび上る人間の姿を捉えるのは容易なことではない。

お前は何人であるか、と問われれば、日本人である、と答える。お前はアジア人か、と質されれば、ほんの少しの間を置いた上で、そうだ、と応ずるだろう。二つの返答の間にある微妙な違いはどこから来るのか。おそらくそれは日本とアジアの間にあるズレ、差異と関係があるだろう。「脱亜入欧」を目指した大日本の近代化の歴史が影を落していることは否めまいが、しかしそれとはまた別にアジアの中にある様々な差異、特性をどう捉えるかが明らかにならなければ、日本の姿もアジアの全貌もしかとは掴めまい。

世界の中でアジアとは何かを考えるより、アジアの中で日本とは何かを考える方がより難しいような気がする。前者の場合には欧米といった対立物がとりあえずの手がかりとなるのに、後者の場合はそのように輪郭のはっきりとした対立物がなかなか見出せない。

それなら逆に、アジア人である筈の自分の中のどこに「アジア」があるか、を再検討してみるのはどうか。

世界の中でアジアを捉えようとするより、自分の中で「アジア」を探す方が、より緊急の課題であり、より実践的な探索であるように思われる。

（くろい・せんじ／作家）

連載　女性雑誌を読む　16

『女性改造』（十六）

尾形明子

『女性改造』の数少ない収穫のひとつに、一九二四（大正一三）年六、七月に掲載された野上弥生子の「ソーニャ・コヴァレフスカヤ」がある。数学者として知られるソーニャが三十九歳の時に書いた『ラエフスキイ家の姉妹』と、その急逝後に友人のアン・シャロットが書いた『ソニヤ・コヴァレスキイ』のエッセンスをまとめた評伝である。同年一一月に岩波書店から完訳本が出版されるに先立っての発表と思われるが、変ろうとしない男性への痛烈な批判と若い女性へのメッセージとが込められている。

　ヨーロッパで初めて女性の大学教授となり、数学者としてのさまざまな栄光を手にし、賛美に包まれ、子供にも恵まれたにもかかわらず、よき家庭人であり母であることと研究者であることの両立に苦悩するソーニャに、弥生子は共鳴する。

「ソーニャの生涯が私たちに特殊の魅力を持つてゐるのも、これ等の溜息や苦痛が、また他の場合に於ける彼女の喜怒哀楽が、私たちの感情に最もちかいからである」と書く。あるいは、ドストエフスキーからの熱烈なプロポーズを拒んだソーニャの姉アニュータの言葉を伝える。「あの人と結婚する人は自分を捨てなければならない」「でも私にはそんなことは出来ないわ。私は自分自身のためにもまた生き度いのですもの」。

単行本の「序」に、「私がもつとも深い親しみを寄せてゐる愛読書」と書き、出版の反響を日記に「女の人はみんなソーニャが好きなのに男はそれほど面白がらないのがフシギ」（一九二四年一二月四日）と記している。

　すでに『青鞜』に、一九一三（大正二）年一一月から一九一五年二月まで、一二回にわたって翻訳「ソニヤ・コヴァレスキイの自伝」を連載していたが、やや冗漫な文体が、一〇年を経て、作家としても鍛えられ、みごとな翻訳となっている。ソーニャへの弥生子の共鳴は時代を越えて、現代の私たちにも響く。大正末期、ソーニャやアニュータに共鳴する女性たちと、女性を〈改造〉しようとする男性とのギャップとは測りがたいほどに大きい。

（おがた・あきこ／近代日本文学研究家）

■連載・生きる言葉　28

中島敦という存在

粕谷一希

漢の武帝の天漢二年秋九月、騎都尉・李陵は歩卒五千を率い、辺塞遮虜鄣を発して北へ向った。

（中島敦『李陵』岩波文庫、六頁）

名作『李陵』は、昭和十八年の『文學界』に掲載された。作者・中島敦は前年の昭和十七年に既に亡くなっていた。少数の友人にしか知られていなかった、中島敦という存在、またその作品が、『文學界』編集の周辺に伝わり、その令名が文壇に伝わったことは幸福であったといえるかもしれない。

昭和十七、十八年といえば、すでに日米戦争――日本の呼称でいえば大東亜戦争は勃発していた。戦争自体の当否を含めて、報道・批判の自由は極端に狭（せば）められていたが、同時に中島敦の作品が掲載される自由は、まだ文壇に残っていたのである。このことは日本人の精神を考える上で誇るべきことであり、同時に、戦時下の世相をあまり戦争一色で考えることもまちがっている――というすぐれた例証といえる。日本のジャーナリズムが極端にファナティクになるのは戦争末期、昭和十九年のころであったと判断するのが穏当と考えられる。

それと同時に、武田泰淳の処女作『司馬遷――史記の世界』が刊行されたのも、昭和十八年だった。武田泰淳は生涯、処女作『司馬遷』を超えられなかった、とは文壇雀の陰口であったが、今日になって考えると、日本人の精神史を考える上で、大東亜戦争の戦時下に、日本の青年学徒の中の、漢学の素養がもっとも高度に洗練された人々の中には、中国古典の精髄を題材とした、自由な批評や創作を書く能力が存在していたという事実である。司馬遷は李陵を擁護して武帝に宮刑に処せられた存在であり、そのことが彼をして『史記』を書かしめたことを考えると、中島敦と武田泰淳という二人の青年を、並べて考えてみることは新しい展望を拓くのではないか。

（かすや・かずき／評論家）

連載　風が吹く　18

『ノーム』(二)

―遠藤周作氏―

山崎陽子

素人劇団〝樹座〟（遠藤周作氏主宰）「風と共に去りぬ」上演当日の明け方、私は、ボストンからの電話に血の気がひいた。留学中の息子が、不慮の災難に遭い、生死の狭間をさまよっているという報せだった。

時差があり、詳しい事情がのみこめないまま渡航の手配はしたものの、次の日まで動きがとれない。気が動顛していたが、旅支度をすませ劇場にかけつけた。

誰にも気づかれないよう遠藤さんにだけ、ことの次第を告げた。遠藤さんは目を閉じて「不幸は、いつもキミを避けて通り過ぎると思っていたのに……」と深いため息をつかれた。私が、『ノーム』の共訳は辞退したいと言いかけると、遠藤さんは、即座に仰った。

「いくらでも期日は延ばしてもらうから、本は持っていった方がいい。きっと何かの支えになると思うから」

息子は、幸い命は取り留めたが、脊椎に損傷を受けて下半身麻痺になり、一生車椅子の生活だと宣告された。眠れぬ夜が続き、気を紛らわそうと私は『ノーム』を開いた。今も、どの頁をどんな気持ちで訳したか、まざまざと思いだすことができる。

息子は十九歳の身に降りかかった災難を、いとも明るく受け止め周囲を驚嘆させたが、それは、ひとえにボストンの治療チームと、彼を励まし続けた一人の神父の力だったと思っている。

遠藤さんは、息子のまたたくまの社会復帰に感動され、ある雑誌の対談に取り上げて下さった。それは思いもかけぬ大きな反響をよんだが、例によって遠藤さんは「ありゃあ対談じゃあない。キミばっかり喋ってて、ああいうのは独談というんです」と憎まれ口をきいていらしたが、何度も胸をつまらせ、口ごもってしまわれるから、私が話すしかなかったのである。

『ノーム』は、大幅に期日を越してしまったがようやく完成。続編『秘密のノーム』も上梓することになった。遠藤さんも私も、すっかりノームの存在を信じ、その不思議な魅力の虜になっていた。

（この項続く）

（やまざき・ようこ／童話作家）

連載

読みたい本

帰林閑話　176

一海知義

「死ぬまでに読んでおきたい本は？」ときかれたことがある。

たくさんあり過ぎて困るのだが、とっさに浮かんだのは、『河上肇全集』と、ヘロドトスの『歴史』だった。

『河上肇全集』全三十六巻（岩波書店）は、私も編集委員の一人であり、詩歌集、日記、書簡、自叙伝などの巻の編集、解説、校注などを担当した。

それだけでも十一巻を占めるのだが、全集の主たる部分、経済学、社会思想に関する著書、論文を集めた巻は、詳しくは読んでいない。

河上肇は、論文や随想の中でしばしば中国古典を引用する。それは儒家の経典から唐詩に及ぶ。

また名文家河上肇の文体は、青年、壮年、老年と、かなり変化する。

そして彼は、若い頃からはげしい思想遍歴をくりかえした人物である。

それらをトレースするために、厖大な全集を、じっくりと読み返してみたい。

ヘロドトスの方は、どうか。

今から五十年ほど前、私は恩師とともに、司馬遷（前二世紀）の『史記』を翻訳した（現在は「朝日選書」所収）。

その時、よく『史記』と比較されるギリシャのヘロドトス（前五世紀）の『歴史』を、是非読みたいと思っていた。しかしその後、文学の世界にのめりこんで行ったので、いまだに読んでいない。

私が興味を覚えるのは、『史記』と『歴史』の共通点、そして相異点である。

共通点の一つ。司馬遷は『史記』執筆のため、国内大旅行を試み、その調査と見聞は、『史記』の記述に色濃く反映されている。

ヘロドトスも長途の旅行をしたが、その意図と成果は如何。

相異点は、『歴史』を読んでみないとわからぬ。しかし、ヘロドトスの史観、とりわけ人間の運命と歴史の流れをどのようにとらえており、歴史を貫く法則をどのように考えていたのか。そうした点を、司馬遷と比較してみたいと思っている。

（いっかい・ともよし／神戸大学名誉教授）

六月新刊

『帝国以後』から『デモクラシー以後』へ

デモクラシー以後

協調的「保護主義」の提唱

エマニュエル・トッド

石崎晴己＝訳・解説

トックヴィルが見誤った民主主義の動因は識字化にあったが、今日、高等教育の普及がむしろ階層化を生み、「自由貿易」という支配層のドグマが、各国内の格差と内需縮小をもたらしている。

ケインズの名論文「国家的自給」収録

四六上製　三七六頁　**三三六〇円**

組織あるところに、官僚主義あり

シリーズ「後藤新平とは何か」

官僚政治

後藤新平

後藤新平歿八十周年記念事業実行委員会編

解説＝御厨貴　コメント＝五十嵐敬喜／尾崎護／榊原英資／増田寛也

「官僚制」は悪か？「官僚制」の本質を百年前に洞察した書！

四六変上製　二九六頁　**二九四〇円**

戦後政治の生き証人、〝塩爺〟が語る!!

ある凡人の告白

軌跡と証言

塩川正十郎

惜しまれながら政界を離れた〝塩爺〟が、一人の「凡人」として歩んできた半生を振り返り、政治の今を鋭く斬る。

口絵九頁

『読売』好評連載を大幅増補！

四六変上製　二七二頁　**一五七五円**

大好評「言語都市」シリーズ最新刊！

言語都市・ロンドン 1861-1945

和田博文　真銅正宏　西村将洋

宮内淳子　和田桂子

口絵四頁

「日の没さぬ国」大英帝国の首都を、近代日本はどのように体験したのか。三〇人のロンドン体験と、八〇項目の「ロンドン事典」、多数の地図と約五〇〇点の図版を駆使して、近代日本人のロンドン体験の全体像を描き切った決定版。

A5上製　六八八頁　**九二四〇円**

「武士道」から「商人道」へ

商人道ノスヽメ

松尾匡

グローバル化、市場主義の渦中で、〝道徳〟を見失った現代日本人に贈る、開かれた個人主義＝〈商人道〉のすすめ。全ビジネスマン必読の一冊。

第三回河上肇賞奨励賞受賞作

四六上製　二八八頁　**二五二〇円**

七つの主題を奏でる石牟礼文学のポリフォニー！

石牟礼道子 詩文コレクション⑦

母

解説＝米良美一

【第2回配本】

「大変詩的な文章は、まるで情感あふれる楽曲の名旋律のように、美しい抑揚を備えた音楽のフレーズのように、私を感じさせる」（解説より）

B6変上製　二〇八頁　**二三一〇円**

読者の声

ある凡人の告白■

▼塩川先生の人生のような、仕事のきびしさ、日本という国の為に働かされた日々、人と人との出合い、仕事の出合い、人間模様、色々な角度から思いをめぐらせて読ませていただきました。初めて先生を知ったのは、選挙の看板でした。大正十年生まれ、で正十郎ということ、父親と一年違い、すごく身近に感じた。それ以来注目でした。どうかお元気で!!　頑張って下さい。

（大阪府　主婦　**河野静子**　59歳）

『環』37号〈特集・「民主主義」とは何か〉■

▼「民主主義のための民主主義批判」をじっくり読ませていただきました。特に新保先生が『臣民』という発想が、日本人の誇りや歴史の支えになるのではないか」と語り、綱淵謙錠氏が描いている幕末の遺臣に言及された事に共感致しました。綱淵氏の『幕臣列伝』ほか著書の数々は今入手困難な状況ですが、再評価が必要と私自身感じております。

（東京　公務員　**松本朗**　46歳）

一海知義著作集⑨　漢詩の世界Ⅲ■

▼「一海知義著作集⑨　漢詩の世界Ⅲ」を読み終りました。一日の仕事を終え、夕食ももどかしく部屋にこもり、音楽をバックに「著作集」に向います。いつもつかれをかかえこんでいるにもかかわらず、「この本を読みたい」という身体の奥からの欲求に応えるごとく息せききって読み続ける日々。そして、再読の楽しみ。まさに、至福の時間です。次回配本がまたれます。

（千葉県　**園田昭夫**　66歳）

石牟礼道子　詩文コレクション1　猫■

▼貴社により素晴しい『石牟礼道子全集』を入手できたのは大きな幸いであったと思っています。『不知火』は私の尊い導きの星。このコレクションは又別の意味で嬉しいもの。ハンディなので大変読みやすく、くり返し楽しんでいます。

（広島　牧師　**遠藤年之**　67歳）

「バロン・サツマ」と呼ばれた男■

▼バロン・サツマの出自地の近傍に生れ住む近江商人は、ユダヤ的商人性のみが喧伝されるが、その文化性を体現した人物として予々から注目しわが誇りともしてきた。本書が正史のごとく出てきたことが何よりも嬉しい。「売家と唐様で書く三代目」バロン・サツマは素晴らしい唐様であった。それにしても、厳父は偉いし、フランスもまた偉い。

（滋賀県　**西川四郎**　71歳）

▼戦後、薩摩治郎八にずーっと関心あり、一時『銀絲集』と四冊の単行本所持（その後売却）～青山二郎とともに……

　昨年より一人になったので老人ホームに入居。場所が戦後の荷風のエリア（市川、本八幡、松戸）で関連あり、又現職の時は毛織物の会社に勤務していたので興味深く拝読。詳細な資料に基いたこの労作を書いた著者に敬意を払います。ベルエポックからゴールデン・サーティズ（一九三〇年代）にも興味あり。これからクリスチアン・ヴェラールの伝記を読もうと思っています。

（千葉県　**栗原滋男**　79歳）

▼あちこち探した。ネットで今まで買ってきたが、この本に関しては高価でもあり、実物をみてから買いたかった。銀座教文館はさすが!!　二頁読んでみてその場で気に入った。超面白く三日間で完読した。目まぐるしい程に現れる覚えのある人物た

ち。「明治」が直ぐそこにちらついてもうたまらんワイ。都々逸一ッ

　オレもなりたやバロン・サツマ
花の巴里で遊びたや　チチンチンチン

（東京　無職　**福井国太郎**　68歳）

▼実に面白かった。内容はもとより、文章が平易で読みやすい。稀にみる名文と思う。貴重な資料も多く興味をひいた。貴社の出版物は定価が高いのが玉にキズだが、本書は購入した価値あり。

（東京都　**柏原暢夫**　73歳）

森崎和江コレクション　精神史の旅④　漂泊■

▼昭和二年、朝鮮に生まれるという『読売新聞』の広告を読み、飛び付きました。私も昭和二年、朝鮮に生まれましたから。私が両親の故郷である岩手に帰った後、終戦までどんなだったか一番知りたい事だったのです。

　早速手紙を出し、早く帰って良かったのです、という返事を頂き一安心致しました。

本当にスバラシイ文体、同じ年齢ながらただ感心致して居ります。一巻もぜひ購入したいと思って居ります。

（北海道　**大平恭子**　82歳）

黒い十字架■

▼今でも、あるカトリック司祭にこの作品を読んだといえば眉をしかめられ、ヒンシュクを買う（?!）やも知れないけれど、大変に想いを深くさせられる書でした。先年も殉教者の列福がありましたから、信仰とは何かをあらためて考えます。（山口）イエズス会によって宣教されて来た土地ですから、（私）もしかして、異端者（？）と呼ばれるかも……とてもドキドキして面白い！　去年（他社から）出版された『出星前夜』も合せて読みたく思います。

（山口　**三宅阿子**　68歳）

▼『クアトロ・ラガッツィ』という本を読んでいましたので『黒い十字架』の時代背景がわかり、とても、興味深く拝読させていただきました。

（**南條法子**）

父のトランク■

▼明るいざわめきが聞こえて来そうな中東の国トルコのイスタンブール出身の作家オルハン・パムク。彼を育んだあのオスマン帝国とトプカプ宮殿を探っていた私は、身長二メートルの大男と取り巻きの多勢の女性達を思い出した。信じられない文明の差異に驚きながらも惹かれてゆく。イスタンブールは政情も不安定で苦悩する様子が良く描かれている。東西が入り混じる迷宮を彼はどう乗り越えて行くのだろうか。ノーベル賞受賞の力の片鱗が伺えて、すごい作家だと思いました。スター誕生ですね。これからもどうぞよろしくお願いします。

（大阪　作家　**藤原愛子**　58歳）

音霊の詩人■

▼この本は二〇〇五年の春ころ購入したものです。よくCDを聞いていました。ここんとこひさしぶりにCD聞いてあまり気持になじめず、知人にさし上げようと思い、本を読み返し始めると忘れてることだらけ！　ショパンの彼女がサンド！　二人の出会い！　で知人にさしあげるのを中止しようと考えました。

（山口　主婦　**石田えい子**　58歳）

『機』二〇〇九年五月号■

▼一海先生の「帰林閑話」一七四回「頼山陽とナポレオン」、意外な組み合せのお話。また一つ新しい知識をご教示戴きました。

　当然、ナポレオン自身は頼山陽など知るはずもないでしょうが、頼山陽には伝わっていた。驚きであります。けれど、歴史は、大小の、このような「偶然」と「当然」の「事件の連鎖」なのでありましょう。一海先生の著作集、読み始めています。「10　漢字の話」からですが……目からウロコです。ありがとうございま

す。

（福岡　森武茂樹　74歳）

▼『機』誌、楽しみに待ち、そして、出かける電車中、待時間などに読める手軽さ。しかし、その中身は濃い。本当によい冊子を発行していただき感激です。これからもよろしくお願いします。総選挙を前にして「民主主義とは何か」改めて学び、考えたく申込みます。

（千葉　加瀬忠一）

※みなさまのご感想・お便りをお待ちしています。お気軽に小社「読者の声」係まで、お送り下さい。掲載の方には粗品を進呈いたします。

書評日誌（四・二七〜五・一七）

(書)書評　(紹)紹介　(記)関連記事　(TV)紹介、インタビュー

四・二七　(紹)デイリースポーツ『バロン・サツマ』と呼ばれた男」（「いま、この人〜デイリースポーツが聞く〜」）／「戸田奈津子　字幕の女王」／中村博格）

(紹)毎日新聞「わたしの名は紅」（「発信箱」）／「文明の十字路」／福島良典）

(書)神社新報「黒い十字架」（「新刊紹介」）／「切支丹史の背景　歴史小説に描く」／上杉千郷）

四・二九　(書)朝鮮新報「空と風と星の詩人　尹東柱評伝」（『空と風と星の詩人　尹東柱評伝』を読む」／「全存在を賭けて、守った民族の志操」／李芳世）

四月号　(書)正論「黒い十字架」（「読書の時間」／「歴史絵巻に現れるキリスト教の本性」／桑原聡）

(書)ゆうゆう「〈不発弾〉と生きる」（「Ｂｏｏｋｓ今月読みたい六冊」／水野みすゞ）

(紹)「アフガニスタン　戦禍を生きぬく」「〈不発弾〉と生きる」（「心に響く言葉の力」）

(書)本の花束「言魂」（「〈いま〉を考える」／「いのちと魂をめぐる、渾身の往復書簡集」）

(書)ＭＡＲＲ「さまざまな資本主義」（「編集室から」）

四月号　(書)出版ニュース「高群逸枝の夢」（「BOOK GUIDE ブックガイド」）

五・三　(書)朝日新聞『バロン・サツマ』と呼ばれた男」（「著者に会いたい」／「度肝を抜く富豪の姿にひかれ」／加来由子）

五・九　(書)東京新聞（夕刊）「森崎和江コレクション」（「土曜訪問」／「時代を貫く精神の歩み」／「全五巻の集成を完結」／大日方公男）

五・一〇　(書)毎日新聞「科学から空想へ」（「今週の本棚」／「理性の斜面から挑んだフーリエ思想」／鹿島茂）

五・一一　(紹)朝日新聞「ケインズの闘い」（「経済危機インタビュー」／『政治が制御』へ改革を」／小此木潔）

(書)公明新聞『バロン・サツマ』と呼ばれた男」（「欧州社交界に名を轟かせた快男児の全貌を描く」）／中島芳郎）

五・一三　(紹)毎日新聞「日本を襲ったスペイン・インフルエンザ」（「余録」）

(記)朝鮮新報「空と風と星の詩人　尹東柱評伝」（「〝真実の過去よ戻れ。偽りの未来よ退け。〟」／「初夏、東柱のバラの内部に」／河津聖恵）

五・一四　(紹)毎日新聞「経済幻想」（「もっと知る」／「人類学をも視野に」／鈴木英生）

五・一五　(紹)東京新聞「〈新装版〉収奪された大地」（「筆洗」）

五・一七　(書)西日本新聞「空と風と星の詩人　尹東柱評伝」（「読書館」／「民族と時代超えた詩才」／李修京）

九月新刊

＊タイトルは仮題

一人称で語られた、理論的集大成

パスカル的省察

ピエール・ブルデュー
加藤晴久訳

多岐にわたる具体的な個別研究の著作を次々に世に問うてきたブルデューが、晩年において、初めてにして唯一、**自らの思想と理論を網羅的に"告白"した書**。ブルデューが思想的に自分自身を限界までさらけだすなかで、その学問の根底が明かされる。ブルデュー理解に最重要の書。

「気候と人間の関係史」の画期的入門書

概説・気候の歴史
中世から現代まで

E・ル＝ロワ＝ラデュリ
稲垣文雄訳

長期の時間のなかで生じる「気候」の変動に、人間社会はいかなる影響を受けてきたのか。フェルナン・ブローデルが絶讃した、自然科学・人文科学の学際的研究の大著『気候の歴史』の著者が、**気候と人間との関係に焦点を定め**、この研究のルーツ、方法論から、「気候とフランス革命」など豊かな事例を縦横に論じる。

漢語の世界を気ままに散歩してみよう

一海知義著作集（全11巻・別巻一）

11 漢語散策

ことばの理解を通して自ら考える術を身につけてほしいと若者に向けた『漢語の知識』や、紙誌に書き続けた漢語にまつわるエッセーを採録。身の回りのコトバを深く、軽妙に解説。

［月報］木村英樹／中島和歌子／野村鮎子／山田敬三

石牟礼文学のポリフォニー　大好評！

石牟礼道子
詩文コレクション③ 渚

解説＝吉増剛造
［第3回配本］

「渚は海にも山にも展開し、(…) 葦やアコウの枝にのぼる魚貝や、潮に養われている木々や、そのようなものたちの織りなす世界を往き来する気配たちの物語で日夜賑わっていた。」（本文より）

国際文化会館の創立・運営の立役者

明治のリベラリスト、松本重治の生涯

開米潤

人間の「自由」を最大限に尊重する意で自らを「オールド・リベラリスト」と称し、戦後日本の真の国際交流を目指して尽力した松本重治。その信念を形成した過程をたどる。

現代アメリカを代表する哲学者

ローティの哲学と政治思想

大賀祐樹

英米の言語哲学・科学哲学・プラグマティズム、ハイデガー・デリダなど独仏の大陸哲学など多岐にわたるジャンルの狭間で鍛え抜かれた独創的な思想。その全貌を初めて描く。

7月の新刊

タイトルは仮題、定価は予価。

学芸総合誌・季刊
『環　歴史・環境・文明』㊳ 09・夏号 ＊
〈特集・「プラスチック・ワード」とは何か〉
菊大判　三六〇頁　三三六〇円

「アメリカ覇権」という信仰 ＊
ドル暴落と日本の選択
トッド／佐伯啓思／榊原英資　ほか
四六上製　二四八頁　二三一〇円

「在外」日本人研究者がみた日本外交 ＊
現在・過去・未来　原貴美恵編
A5上製　三一二頁　五〇四〇円

歴史と人間の再発見 ＊
上田正昭
四六上製　二八八頁　二七三〇円

一海知義著作集（全11巻・別巻1）
④人間河上肇 ＊　［第8回配本］
四六上製布クロス装　五八四頁　八八二〇円

近刊

概説・気候の歴史 ＊
中世から現代まで
エマニュエル・ル＝ロワ＝ラデュリ
稲垣文雄訳

パスカル的省察 ＊
ピエール・ブルデュー　加藤晴久訳

明治のリベラリスト、松本重治の生涯 ＊
開米潤

ローティの哲学と政治思想 ＊
大賀祐樹

ゾラ・セレクション
⑨**美術論集**
エミール・ゾラ　三浦篤編＝解説
三浦篤・藤原貞朗訳

一海知義著作集（全11巻・別巻1）
⑪漢語散策 ＊　［第9回配本］

〈社会思想史研究〉33
福祉国家・社会国家の思想　再訪
社会思想史学会編

好評既刊書

デモクラシー以後 ＊
協調的「保護主義」の提唱
E・トッド　石崎晴己訳＝解説
四六上製　三七六頁　三三六〇円

言語都市・ロンドン 1861-1945 ＊
和田博文　真銅正宏　西村将洋
宮内淳子　和田桂子
A5上製　六八八頁　九二四〇円　口絵四頁

シリーズ「後藤新平とは何か──自治・公共・共生・平和」②
官僚政治 ＊　後藤新平歿八十周年記念事業実行委員会編
後藤新平
解説＝御厨貴　コメント＝五十嵐敬喜／尾崎護／榊原英資／増田寛也
四六変上製　二九六頁　二九四〇円

ある凡人の告白 ＊
軌跡と証言
塩川正十郎
四六変上製　二七二頁　一五七五円　口絵九頁

商人道ノスヽメ ＊
松尾匡
四六上製　二八八頁　二五二〇円

学芸総合誌・季刊
『環　歴史・環境・文明』㊲ 09・春号
〈特集・「民主主義」とは何か〉
菊大判　三一八頁　三三六〇円

別冊『環』⑯
清朝とは何か　岡田英弘編
菊大判　三三六頁　三九九〇円

石牟礼道子　詩文コレクション（全7巻）
1 猫　町田康＝解説
2 花　河瀬直美＝解説
3 渚（9月刊）＊　吉増剛造＝解説
7 母　＊　米良美一＝解説
題字・石牟礼道子　装画・よしだみどり　装丁・作間順子

＊の商品は今号に紹介記事を掲載しております。併せてご覧戴ければ幸いです。

書店様へ

▼先のNHK-BS1「未来への提言」でも刊行を予告されていました**E・トッド最新刊『デモクラシー以後』**も配本直後から動きを見せ始めています。6／27(土)には、『読売』で「不況打開『保護主義を導入せよ』」と題し、大きなインタビュー記事も掲載。**『帝国以後』**(12刷)をはじめ、トッド既刊書と絡めて大きくご展開下さい。POPやパネル、拡材などもご用意いたします。お気軽に担当にご相談を。
▼同じく5月刊の**塩川正十郎『ある凡人の告白』**が、配本と同時に大増刷！今後、各紙誌ほか、本人出演のTV番組でのパブリシティもご期待下さい。塩川先生サイン会も順次企画中。まずは八重洲ブックセンター本店様と旭屋書店本店様で開催予定。貴店でもぜひ。また、ご展開は**後藤新平のシリーズ『自治』や『官僚政治』**とぜひご一緒に。
▼4月刊**『別冊「環」⑯ 清朝とは何か』**も、配本直後より、各店で好調な動きを続けております。満洲や現在の日中関係を考える上でも重要な一冊。社会の棚でも充分ご展開可能。（営業部）

二〇〇九年度「後藤新平の会」開催

後藤新平と同時代人 Part1 ――伊藤博文／桂太郎／原敬

本年のシンポジウムから、後藤の人的ネットワークの広がりを解き明かし、近代日本の主要人物たちとの関係の中で、後藤新平を位置づけることを試みる。

〈基調報告〉
御厨　貴（東京大学教授）
［コメント］
粕谷一希（評論家）／**上垣外憲一**（大手前大学教授）／**千葉　功**（昭和女子大学准教授）／**堤　春恵**（劇作家）（司会）**御厨　貴**

【日時】二〇〇九年　七月十八日(土)
（開場）午後一時（開会）一時半
【場所】日本プレスセンターＡＢＣホール
【定員】二五〇名（先着順）
【会費】二〇〇〇円　学生一〇〇〇円（学生証持参）
※お申込み・お問合せは藤原書店内「後藤新平の会」事務局まで。

第三回　後藤新平賞授賞式と講演
［受賞者］**緒方貞子氏**（ＪＩＣＡ理事長）
【日時】二〇〇九年　七月十八日(土)午前十一時～
【定員】二〇〇名（先着順）
【場所】日本プレスセンターＡＢＣホール
※お申込み・お問合せは藤原書店内「後藤新平の会」事務局まで。

塩川正十郎先生サイン会

『ある凡人の告白』刊行記念

まずは左記の二店でサイン本販売会を予定しています。総選挙直前に〝塩爺〟が何を話すのか?!　ぜひお越し下さい。

■七月二十九日（水）　午後六時半～
八重洲B.C.本店　8階ギャラリー
ミニトーク＆サイン本販売会
【定員】八〇名（お申込み先着順）
※お申込・お問合せは八重洲ブックセンター本店（℡〇三－三二八一－八二〇一）まで。

■七月三十一日（金）　午後六時半～
旭屋書店本店　サイン本販売会
※お問合せは旭屋書店本店（大阪市　℡〇六－六三一三－一一九一）まで。

●〈藤原書店ブッククラブ〉ご案内●
▼会員特典は、①本誌『機』を発行の都度ご送付／②（小社への直接注文に限り）小社商品購入時に10％のポイント還元／③送料のサービス。その他小社催しへのご優待等。詳細は小社営業部まで問い合せ下さい。
▼年会費二〇〇〇円。ご希望の方は、入会ご希望の旨をお書き添えの上、左記口座番号までご送金下さい。
振替・00160-4-17013　藤原書店

出版随想

▼今、松阪に来ている。四、五年ぶりになるか。この地にある本居宣長記念館の中に、戦没詩人の竹内浩三の全資料がひっそりと置かれている。小社から約八年前に『竹内浩三全作品集　日本が見えない』を出版し、その後、新資料も発見され、来年新版を刊行する打合せのためだ。竹内浩三との出会いは、今から遡ること二十七年。河上肇が機縁で知り合ったＮＨＫディレクターＮ氏が、竹内浩三をめぐる取材途上で突然死した。一九八三年に、Ｎ氏の追悼集『戦死やあわれ』を、翌年、友人の小林察氏の編集による『竹内浩三全集』（全二巻、「骨のうたう」「筑波日記」）を出版した。この『全集』で竹内浩三は、8・15の全国紙一面コラムに掲載され、世に知られるようになった。特に、

戦死やあわれ
兵隊の死ぬるや　あわれ……

で知られる「骨のうたう」は、歌手の田端義夫や宮沢和史まで口ずさむようになった、といわれる。
▼当日の研究会で教えられることも多かったが、この竹内浩三という男が、二十三歳で戦死せず今生きていたら（八十八歳）、どんな男になっていたかを想像するだけで楽しい。あの山田洋次も惚れ込んだ男だから、映画監督になって〝寅さん〟以上の面白い映画、否、チャップリンにも匹敵するような喜劇を作っていたのではなかろうか、と思う。言葉のみならず、画も音楽も大好きなコーゾー君、君に一日でも一年でも十年でも長生きしてもらって好きな事をやってもらいたかった。

戦死ヤアハレ　合掌（亮）